Lampenfieber und Angst bei ausübenden Musikern

Schriften zur Systematischen Musikwissenschaft
Herausgegeben von Günther Rötter

Band 14

Adina Mornell

Lampenfieber und Angst bei ausübenden Musikern

Kritische Übersicht über die Forschung

Zweite, überarbeitete Auflage

Bibliografische Information der Deutschen Nationalbibliothek
Die Deutsche Nationalbibliothek verzeichnet diese Publikation
in der Deutschen Nationalbibliografie; detaillierte bibliografische
Daten sind im Internet über http://dnb.d-nb.de abrufbar.

Umschlagabbildung: © capdance

Gedruckt auf alterungsbeständigem,
säurefreiem Papier.

ISSN 2364-0898
ISBN 978-3-631-67156-6 (Print)
E-ISBN 978-3-653-06537-4 (E-Book)
DOI 10.3726/978-3-653-06537-4

© Peter Lang GmbH
Internationaler Verlag der Wissenschaften
Frankfurt am Main 2016
Alle Rechte vorbehalten.
PL Academic Research ist ein Imprint der Peter Lang GmbH.

Peter Lang – Frankfurt am Main · Bern · Bruxelles · New York ·
Oxford · Warszawa · Wien

Diese Publikation wurde begutachtet.

www.peterlang.com

Dank, Widmung und Hinweise
zur zweiten Auflage

Es wäre schön, wenn ich mich bei meinen früheren Klavierlehrern für ihre Unterstützung und einfallsreiche Annäherung an das Phänomen Lampenfieber bedanken könnte. Leider wurde dieses Thema aber tabuisiert, sowohl im instrumentalen Privatunterricht als auch in der Klavierklasse am Konservatorium. Von Anfang an wurden von uns als Musikschüler und später als Studenten erwartet, daß wir auf wundersame Weise die Erwartungen der Lehrer *und* Eltern bei den Vorspielen erfüllen würden. Etwaige Störungen beim Vortrag – sichtbare oder hörbare Anzeichen der Aufregung – blieben unkommentiert oder wurden allenfalls getadelt. Es gab keinen Anstoß zum Ausloten möglicher Ursachen und keine praktischen Hinweise beim Üben. „Sink or swim" waren die Alternativen: entweder gehört man zu den Glücklichen, die Lampenfieber nicht zu plagen scheint, oder eben nicht. Viele Künstler machen ihre Entscheidung genau daran fest, ob sie die Laufbahn des professionellen Musikers einschlagen oder resignieren.

Daher soll es den Leser nicht verwundern, wenn mein besonderer Dank in Zusammenhang mit dieser Arbeit zwei Menschen gilt, die zwar mit der Musik aufs innigste verbunden sind, dennoch aber keine Berufsmusiker sind: Helga de la Motte-Haber und Detlef Levin.

Prof. Dr. de la Motte-Haber hat in mir das nunmehr gemeinsame Interesse am Phänomen Aufführungsangst geweckt und mich ermutigt, dieses unter die wissenschaftliche Lupe zu nehmen. Ihre Begeisterung für das Thema und ihre Hilfe bei der Konzeption dieser Arbeit waren ausschlaggebend dafür, daß diese überhaupt zustande kam.

Meinem besten Freund, dem bildenden Künstler, Detlef Levin, ist diese Schrift gewidmet. Es sind seine wachen Augen und seine Lebenseinstellung, immer wieder gerade *das* in Frage zu stellen, was man für eine unumstößliche Tatsache hält, die mich inspirierten. Seine logische Herangehensweise, Hinweise zur Ordnung von Gedankenbergen und nicht zuletzt sein Vertrauen in mich und die Unterstützung meines Vorhabens, haben es mir ermöglicht, als „betroffene" Musikerin so tief in diese Thematik einzudringen.

In den mehr als zehn Jahren seit der Erstauflage dieses Bandes haben Freunde und Kollegen sowie Studenten und Workshopteilnehmer aus Musik, Bildung und Wirtschaft dafür gesorgt, dass ich stets den Inhalt dieses Buches hinterfragt habe. Ihr Feedback hat bestätigt, dass eine bewusste Auseinandersetzung mit den hier vorgestellten vier Komponenten der Angst viele Vorteile mit sich bringt. Wer sein Fühlen, Denken und Verhalten in Auftrittssituationen versteht, kann sich von der Suche nach äußeren Umständen und anderen „Schuldigen" befreien. Man wird so seine Energie und Aufmerksamkeit der Vorbereitung mit erprobten Übungsstrategien widmen. Wer sich nicht als Opfer des Lampenfiebers sieht, sondern handelt (= übt), tut nicht nur das musikalisch Notwendige für die Bühne sondern praktiziert auch Lampenfieber-prophylaxe.

Dies ist nun die zweite Auflage des Buches. Die Bibliographie wurde nicht durch neue Schriften ergänzt. Aber seit 2002 wurden viele, wichtige Untersuchungen durchgeführt und Aufsätze veöffentlicht. Zum Verständnis von Auftrittsängten bei Musikern und Sportlern haben u. a. beigetragen: Eckart Altenmüller, Horst Hildebrandt, Chris Mesagno, Margaret Osborne und Claudia Spahn. Insbesondere möchte ich den Leser auf die kritischen Literaturübersichten und eigenständigen Arbeiten von Dianna Kenny hinweisen.

München, im November 2015   *Adina Mornell*

Vorwort der Herausgeberin der ersten Auflage

Lampenfieber und Aufführungsangst gehören zum Alltag eines Musikers. Obwohl man glaubt zu wissen, um was es sich dabei handelt, ist eine genaue Präzisierung dieser Begriffe schwierig.

Sind Lampenfieber und Angst identisch, oder ist Angst eine Steigerung von Lampenfieber? Frau Mornell findet in der Literatur die unterschiedlichsten Antworten auf diese Frage. Ihr eigener Lösungsversuch besteht darin, zu differenzieren zwischen einer physiologischen Komponente, einer kognitiven Komponente und einer Verhaltenskomponente sowie den begleitenden Emotionen. Dargestellt werden die Angstsymptome in Abhängigkeit von diesen Komponenten.

Ein weiterer Teil der Schrift ist den Untersuchungen zum Lampenfieber im engeren Sinne gewidmet einschließlich der Methoden, die deren Bekämpfung dienen. In diesem Kapitel sind die experimentellen Forschungen zusammengestellt, die die Veränderung von Angstzuständen nach der Einnahme von Beta-Blockern (einem weit verbreiteten Übel bei Musikern) zeigen, sowie jene Studien, die zeigen, dass durch Einstellungsänderungen, durch neuartige Kognitionen und Verhaltenstraining Angst bekämpft werden kann. Frau Mornell hat eine überraschend gründliche Recherche all dieser Untersuchungen vorgenommen. Der Übersicht halber hat sie viele Ergebnisse in Tabellen zusammengefasst. Denn im wesentlichen geht es ihr um die kritischen Einschätzungen der verschiedenen Methoden, die der Bewältigung des Lampenfiebers dienen.

Frau Mornell arbeitet zwei besonders gewichtige Kritikpunkte an diesen Untersuchungen heraus, nämlich dass weder eine mögliche Symptomverlagerung bei einer besseren Bewältigung von Lampenfieber, noch die Theorie des Interferenz- und Defizitmodells überprüft worden sind. Gemeint ist damit, dass die Fragen, ob Angst bei der Wiedergabe des Gelernten wirklich stört, oder ob sie nur eine unzureichende Vorbereitung anzeigt, nicht beantwortet werden können. Aus all dem gewinnt Frau Mornell Empfehlungen für die zukünftige Forschung und für die Praxis.

Die vorliegende Schrift ist die bislang umfassendste wissenschaftliche Darstellung des Phänomens Lampenfieber. Ihr besonderes Gewicht macht aber auch aus, dass sie aus der Sicht einer ausübenden Musikerin geschrieben ist.

Berlin, im Mai 2002   *Helga de la Motte-Haber*

Vorwort des Herausgebers der zweiten Auflage

Laut einer kanadischen Studie zeigten 96 Prozent der Berufsmusiker mehrerer Orchester regelmäßig Symptome von Lampenfieber, andere Studien sprechen von zwei Dritteln, die betroffen sind. Dieses Phänomen ist auch bei Musikstudierenden und sogar bei Kindern anzutreffen.

Das macht eine Arbeit, wie sie hier vorliegt besonders wichtig. Die Fülle der Studien, die es bisher zu diesem Thema gibt, erfordert eine systematische Aufarbeitung im Sinne einer Metaanalyse. Dabei ist es sehr hilfreich, dass die Autorin selbst ausübende Musikerin ist und ihre eigenen Erfahrungen einbringen kann.

Allein die Begrifflichkeiten bedürfen einer genaueren Klärung: Lampenfieber wird oft als Synonym für Aufführungsangst verwendet, wenngleich beide Begriffe kaum vergleichbar sind. Im englischsprachigen Raum wurde der Begriff Music Performance Anxiety (MPA) vorgeschlagen. Dieser Begriff wurde weiter unterteilt in die Bereiche Auftritt, Musik und Persönlichkeit sowie die Karriere des Musikers. Diese Definition konnte sich allerdings bei uns nicht durchsetzen, sodass es bei den beiden Bezeichnungen Lampenfieber und Aufführungsangst bleibt.

Seit 2002 sind ca. 50 neue Studien erschienen, die auch wieder aufzuarbeiten wären, jedoch bestätigen sie im großen und ganzen die Befunde, die die Autorin akribisch sortiert und analysiert hat.

Dabei finden sich immer noch etliche Forschungsdefizite, viele Eigenschaften wie Kreativität, emotionale Intensität, Aussage- und Risikobereitschaft finden in den Studien kaum Berücksichtigung. Auch andere Aspekte der künstlerischen Existenz wie Persönlichkeit, Familienpathologie oder die Rolle der Rückmeldung durch das Publikum müssen berücksichtigt werden. Aber für die Autorin wird das Phänomen des Lampenfiebers nie ganz zu erforschen sein: „Weder ist die ‚Qualität' einer Aufführung nur aus klinischer Sicht nach richtigen und falschen Tönen zu beurteilen, noch muss die Ausdruckskraft, Schönheit oder Präzision des Spiels Aufschluss über den seelischen und körperlichen Zustand des Musikers geben."

Die Neuauflage dieser Arbeit ist mehr als gerechtfertigt, denn das Thema hat an Aktualität nichts eingebüßt. Zukünftige Forschungsarbeiten finden in diesem Buch eine solide Grundlage, auf der sich vieles aufbauen lässt.

Dortmund, im Januar 2016   *Günther Rötter*

Vorwort der Autorin

2002 schloss ich meine Recherchen zum Thema Lampenfieber und Angst zunächst einmal ab und erstellte diese Übersicht der Literatur. Aber gleich danach gesellte sich zum Gefühl der Freude über die Fertigstellung der Arbeit alsbald auch ein Unbehagen. Denn einige Musiker und Musikpädagogen waren enttäuscht, daß ich kein Allheilmittel gegen Lampenfieber gefunden hatte. Im Gegensatz dazu fand das Buch große Resonanz bei Fachleuten und Laien, die sich die Zeit nahmen, die Arbeit zu lesen. Für sie ist vor allem die schonungslose Auseinandersetzung mit den vielfältigen Facetten der Aufführungsangst, die Verbindung interdisziplinärer Theorieansätze und die konkrete Kritik an der bisherigen Forschung von Wert. Diese Veröffentlichung ist also für solche gedacht, die sich auf eine Entdeckungsreise des Phänomens Lampenfieber und Aufführungsangst begeben wollen.

Aktuelle empirische Studien über die Auswirkung des Aufmerksamkeitsfokus auf Spitzenleistungen und über psychophysiologische Anzeichen von Stress haben Ergebnisse erzielt, welche die hier beschriebenen Theorien bestätigen. Musiker entscheiden selbst, ob sie Erregung als Bedrohung oder Chance wahrnehmen. Wer sich gut vorbereitet, Erregung positiv deutet und sich auf die Effekte seines Handelns statt auf mögliche Fehler konzentriert, kann Angsthemmung und Stressimpfung betreiben und aus der zusätzlichen Energie während eines Auftritts optimale Leistungen schöpfen.

München, im November 2015   *Adina Mornell*

Inhaltsverzeichnis

Abbildungen

Tabellen

I. Einleitung

Nothing is more devastating to a performing artist than not having the chance to be on stage and, as the pervasiveness of performance anxiety attests, nothing is more threatening than having that chance.[1]

Es ist nicht allzu lange her, daß fast jeder Artikel über Lampenfieber bzw. Aufführungsangst mit der Rüge begann, es gäbe keine oder viel zu wenige Untersuchungen zu diesem Thema, obwohl die Häufigkeit des Problems und die Heftigkeit der Symptome längst Aufmerksamkeit verdient hätten. Inzwischen wurde just dieses Thema Quelle für zahlreiche Magister- und Doktorarbeiten. Eine Abfrage der Datenbank „first search" im Jahr 2000 ergab 486 Eintragungen allein unter dem Begriff „stage fright". Aber bis auf einige Literaturberichte sind die Mehrzahl dieser Arbeiten der Öffentlichkeit vorenthalten geblieben. Die Ergebnisse wurden nicht weiter publiziert, sondern sind nur an den jeweiligen Institutionen und über Mikrofiche einzusehen. Wenn die nahezu 400 Artikel der Fachjournale und -bücher dazu gezählt werden, die die Verfasserin im Laufe ihrer Forschung las, kann also von einer Vernachlässigung des Themas nicht mehr gesprochen werden – von den Selbsthilfebüchern, die gelegentlich die Tische der Buchhandlungen zieren, ganz zu schweigen.

In Anbetracht der Energien, die in aller Welt in dieses Thema investiert wurden – die vielen Stunden des Recherchierens, Experimentierens und Schreibens – sind die Resultate überhaupt nicht zufriedenstellend. Das Phänomen des Lampenfiebers bzw. der Aufführungsangst bleibt ein Geheimnis: es fehlt eine einheitliche Terminologie, die Ursachen sind noch nicht eindeutig identifiziert, eine Bestätigung der experimentellen Ergebnisse durch Wiederholung oder Nachfolgeuntersuchung fand nicht statt, und erfolgreiche, langfristige Behandlungsmethoden wurden bisher ebenfalls nicht verifiziert. Der Konzertsaal bleibt also weiterhin eine Arena für das „Überleben des Tüchtigen".

Während diese Zeilen geschrieben werden, unternehmen aufführende Musiker überall auf dem Planeten unkontrollierte Selbstversuche. Damit

---

1 Plaut, 1990, S. 59.

hoffen sie, sich selbst erfolgreich gegen das Gespenst „Lampenfieber" therapieren zu können – mit viel Aberglauben und wenig wissenschaftlichen Erkenntnissen. Die Bandbreite ihrer Methoden reicht vom Einsatz positiven Denkens und Meditation bis hin zum Gebrauch von Alkohol und Arzneimitteln. Währenddessen läuft der Musikunterricht vom Privatlehrer bis zur Musikhochschule unverändert weiter, so daß auch die nächsten Generationen unter Lampenfieber leiden werden. Anstatt alternative Bewältigungsstrategien vorzuschlagen und auszuprobieren, halten die meisten Lehrenden an der „guten, alten" Tradition fest – weiterhin wird gepredigt: üben, üben, üben.

Bisher scheint also den Musikern effektive, professionelle Hilfe versagt zu bleiben. Daher ist das Ziel der vorliegenden Arbeit, die vorhandenen Informationen und die bisherigen Untersuchungen so aufzubereiten, daß das Material Aufschluß über die möglichen Gründe dieser Mißstände bietet.

Zuerst werden Hauptbegriffe wie „Lampenfieber" und „Angst" in Bezug auf ausübende Musiker vorgestellt. Im Rahmen der „Theorie der optimalen Leistung" werden die Konzepte „state-trait anxiety", „facilitating-debilitating anxiety" und „task-mastery" präsentiert. Darauf folgt eine Beschreibung der Symptome, die bei Musikern in Verbindung mit Aufführungsvorbereitungen und Aufführungen auftreten, geordnet nach der „Drei-Komponenten-Theorie". Hinweise auf einen vierten Faktor „Emotionen" werden anhand verschiedener psychotherapeutischer Theorien präsentiert. Danach folgt die Begriffsbestimmung des Worts „behavior" in Zusammenhang mit der Vorstellung der in den Fachzeitschriften publizierten wissenschaftlichen Untersuchungen. Diese wurden nach drei Methodenkategorien – Fallstudien, statistische Erhebungen, Experimente – geordnet. Den Schluß der Arbeit bilden die kritische Betrachtung der Untersuchungsmethoden, eine Zusammenfassung mit einigen Empfehlungen für zukünftige Forschungsprojekte sowie das Literaturverzeichnis.

II. Das Phänomen: Lampenfieber und/oder Aufführungsangst

So unterschiedlich wie Fingerabdrücke scheinen Ursachen, Bedeutung und Anzeichen des Lampenfiebers bei den einzelnen Musikern zu sein, trotz der Universalität des Phänomens[2]. Parallel zur Bandbreite der Erscheinungsbilder hat sich auch eine Vielfalt von Terminologien herausgebildet:

> Each medical specialty has developed its own jargon over the years, and international differences in terminology, definition, and usage have added to the confusion.[3]

Wer sich daher mit der Literatur befaßt, wird feststellen müssen, daß hier zwar derselbe Symptomkomplex – nämlich Physiologie, Verhalten und Kognitionen bzw. Emotionen des aufführenden Musikers – untersucht wird, daß jedoch gleichzeitig keinerlei Einigkeit darüber herrscht, ob es sich nun um eine „Angst"[4], „Phobie"[5], „Paranoia"[6], „Neurose"[7], „Verhaltens- oder Funktionsstörung"[8], „Streßkrankheit"[9] oder ein „Paniksyndrom"[10] handelt. Es gibt auch Literatur, in der man von einer „social phobia"[11] oder „social anxiety disorder" (auch „psychische Angststörung"[12] genannt) spricht, oder gar von einem „nicht krankhaften Unbehagen"[13].

1. Aufführungsangst

Betrachtet man den Begriff „Aufführungsangst", so stellt man fest, daß es sich nicht um eine neutrale Beschreibung, sondern wegen des Wortteils

---

2   Brandfonbrener, 1990b, S. 23.
3   Dawson, Charness u.a., 1998, S. 45.
4   z.B. „audience anxiety": Paivio und Lambert, 1959/1960.
5   Wilson, 1986a, S. 35.
6   Cohen und Kupersmith, 1986; Kaplan, 1969, S. 63.
7   untersucht: Steptoe und Fidler, 1987, S. 241; verneint: Gabbard, 1979, S. 391.
8   „mood disorder": Raeburn, 2000.
9   Salmon, 1990; Sataloff, Rosen u.a., 1999.
10 Ashley, 1996; James und Savage, 1984.
11 Cox und Kenardy, 1993; Wesner, Noyes u.a., 1990.
12 Sataloff, Rosen u.a., 1999.
13 „normal discomfort": Clark, 1989; „normal phenomenon": Plaut, 1998.

„Angst" vielmehr um eine Diagnose handelt – und gerade darüber wird eigentlich gestritten.

Ein weiterer Grund, warum Aufführungsangst und „performance anxiety" als Bezeichnungen keine allgemeine Zustimmung finden, liegt darin, daß Psychiater und Psychologen zwischen „fear" und „anxiety" differenzieren.

> The word fear comes from the Old English *faer* for sudden calamity or danger, and was later used to describe the ensuing emotion (Oxford English Dictionary). In Middle English the word continued to denote alarm or dread, as it still does today. Anxiety has its etymological origin in a Greek root meaning 'to press tight' or 'to strangle' [...] The Latin *anxius* and its derivatives all imply narrowness or constriction, usually with discomfort. They denote distress, disquiet, and sadness rather than the uncertainty and fear denoted by the modern term.[14]

In der psychoanalytischen Theorie ist „anxiety" ein Zustand der Erwartung oder Vorbereitung auf eine bekannte oder unbekannte Gefahr, während „fear" ein konkretes Objekt voraussetzt, welches man fürchtet.[15] Für andere Psychologen ist „fear" eine normale Reaktion auf eine realistische Bedrohung, wohingegen die nicht unähnliche Emotion „anxiety" so definiert wird, daß sie *ohne* eine objektive Gefahrenquelle ausgelöst wird. Dieser Definition nach müßte man das Etikett „anxiety" im Zusammenhang mit aufführenden Musikern in Frage stellen, weil selbst einige Forscher[16] festgestellt haben, daß die Realität eines Musikerlebens doch wohl realistische Gefahren beinhaltet. Beispielsweise ist die Konkurrenz bei professionellen Musikern so stark[17], daß jemand bei schlechter Leistung tatsächlich seine Arbeitsstelle verlieren kann[18] – eine Befürchtung, die von Fachfremden häufig als übertrieben oder paranoid eingestuft wird, erweist sich hier durchaus als realistisch.

Dieser Vergleich zwischen „fear" und „anxiety" entspricht dem Vergleich zwischen „Realangst" und „neurotischer Angst": „Die Psychoanalyse unterscheidet Realangst, die bei einer tatsächlichen Gefahr entsteht, und neurotische Angst, deren Ursprung und Sinn dem Betroffenen nicht zugänglich

---

14 Marks, 1987b, S. 6–7.
15 Gabbard, 1979, S. 12.
16 Cooper und Wills, 1989; Lehrer, 1987a; Lockwood, 1989; Steptoe, 1989; Stern-bach, 1993.
17 Sternbach, 1993, S. 284.
18 Lehrer, 1987a, S. 147.

ist"[19]. Hier wird deutlich, daß in bestimmtem Kontext „fear" mit „Angst" statt „Furcht" übersetzt werden kann, aber es sprengt den Rahmen dieser Arbeit, in einen Übersetzungsdiskurs einzusteigen.

Der Symptomkomplex Aufführungs- oder Leistungsangst ist ein bekanntes, universelles Phänomen der Menschheit. Daher wird der Begriff „Aufführungsangst" auch außerhalb der Musik verwendet. So können auch Schauspieler, Tänzer, Redner, Prüfungskandidaten, Liebhaber beim Geschlechtsakt und Menschen mit Schlafstörungen[20] u.v.a. unter „performance anxiety" leiden. Vorausgesetzt, daß Menschen in diesen verschiedenen Berufen und Situationen unter denselben Ängsten wie Musiker leiden, wäre die Bezeichnung „musical performance anxiety" korrekt und man könnte die Ergebnisse aus der Erforschung anderer Aufführungsängste auf Musiker übertragen. Nimmt man aber an, daß hinter den Problemen der Musiker eine andere Art der Erfahrung und des Leids steckt, wäre der obengenannte Begriff falsch, so daß die Verwendung eines anderen Terminus notwendig würde, der diesen Besonderheiten gerecht wird.

2. Lampenfieber

> Bei der Aufnahmeprüfung spielte ich ein Vivaldi-Konzert, das mir mein Vater eingepaukt hatte. Ich erinnere mich, daß ich an den Händen geschwitzt habe. Warum ich nervös war, weiß ich nicht. Wahrscheinlich hatte ich Angst, steckenzubleiben und nicht mehr weiter zu wissen. Ich hatte damals noch keinen Begriff für diesen Zustand: „Lampenfieber" – es begleitet mich bis heute. [21]

Verwendet man hingegen eher umgangssprachliche Wendungen, wie „Lampenfieber" bzw. „stage fright", so spricht dafür, daß sie überall verstanden werden. Dagegen werden aber von Fachexperten Einwände erhoben, weil diese Begriffe „falsche Bezeichnungen" („misnomer") seien, die triviale und/oder irreführende Konnotationen hervorrufen könnten[22], oder bestimmte Aspekte wie die Erwartungsangst – „the anticipatory component", auch „preperformance anxiety" genannt – oder die reale Karrieresituation, den

---

19 Michel und Novak, 1994, S. 24.
20 Aaron, 1986; Desberg und Marsh, 1988; Kanefield, 1990; Nagel, Himle u. a., 1989; Robson, Davidson u. a., 1995; Tobias, 1985.
21 Kremer, 1997, S. 44.
22 Fogle, 1982, S. 368; Martin, 1964, S. 100.

finanziellen und emotionalen Überlebenskampf der Künstler[23], nicht abdeckten.

Bei dem Ausdruck „stage fright" handelt es sich aufgrund des Wortes „fright" um die plötzliche Begegnung mit einer Gefahr, die Betonung liegt auf dem Überraschungsmoment.[24]

> [...] stage fright was something completely unpredictable. It would come and shake one to the core at the most unexpected moments, in tiny concert halls, in unimportant places, and yet when most expected, it might remain absent.[25]

Diese Beschreibung der Geigerin Kato Havas klingt in Verbindung mit Glen Gabbards Definitionen wie ein Plädoyer für den Ausdruck „stage fright", weil der Akzent auf dem Unerwarteten („fright" statt „anxiety") liegt.

Im Gegensatz zur englisch sprachigen Wendung „stage fright" spricht man im deutschen Sprachraum vom „Lampenfieber" anstelle von „Bühnen-furcht"[26]. Bei dieser Formulierung kann das positiv zu deutende Element des „Der-Bühne-entgegen-Fieberns" mit einer Art Vorfreude und nicht Furcht assoziiert werden. Dieser bildhafte Ausdruck erweckt die Vorstellung eines Fiebers, das von den Lampen der Bühnenbeleuchtung ausgelöst wird.

Im „Lampenfieber" spiegelt sich aber auch der Wortteil „Fieber", die bei manchen Personen im Falle der Erregung auftretende Kopfhitze, wider, eine der bekannteren somatischen Reizantworten. Allerdings tritt just dieses namensstiftende Symptom nicht bei jedem Musiker in gleicher Weise auf. Einige Musiker erleben die Hitzeaufwallungen im Kopfbereich, während andere wiederum im Gesicht blaß und sogar wegen Blutarmut ohnmächtig werden, so wie es der amerikanischen Rocksängerin Carly Simon kurz vor einem Bühnenauftritt vor 10.000 Menschen passiert ist.[27] Auch hier gilt die

---

23 Brandfonbrener, 1999, S. 101; Gabbard, 1983, S. 424; Lederman, 1999, S. 117; Nagel, 1993, S. 492.

24 Gabbard, 1979, S. 12.

25 Havas, 1973, S. xii.

26 Laut des *Kleinen Psychologischen Wörterbuchs* bezieht sich „Furcht" auf eine direkte Gefahr und ist mit Vermeidungsverhalten gekoppelt: Michel und Novak, 1994, S. 116. Daher wäre „Furcht" bezogen auf den ausübenden Musiker eine falsche Bezeichnung, denn der Zustand tritt bei Annäherung und nicht beim Meiden auf.

27 Hall, 1987, S. 38.

Folgerung, daß das „Lampenfieber" – ähnlich der „Aufführungsangst" – ein Begriff voller Tücken ist.

3. Fazit

Auf die Frage „Lampenfieber" oder „Aufführungsangst" kann also keine Antwort gefunden werden – wie die sprichwörtlichen Äpfel und Birnen, sind diese Begriffe nur schwer vergleichbar.

> [...] call it performance anxiety, stage fright, or musical performance anxiety, I think we all understand what we mean.[28]

resümiert Alice Brandfonbrener, Ärztin, Direktorin des „Medical Program for the Performing Artists" an der Rehabilitation Institute of Chicago und Herausgeberin des Fachjournals *Medical Problems of Performing Artists*, und hebt damit hervor, daß es letztendlich nicht eine Frage der Bezeichnung, sondern des Verständnisses ist.

Um eine Beschränkung auf symptomatische Äußerungen des Angstzustandes zu vermeiden, schlug Paul Salmon eine Definition für MPA („music performance anxiety") vor, bei der sowohl Kognition, Pädagogik, und Aufgabenbeherrschung als auch psychodynamische, genetische und biologische Komponenten berücksichtigt werden könnten. Das Schlüsselwort hier ist „unwarranted" – ungerechtfertigt:

> MPA is defined as the experience of persisting, distressful apprehension about and/ or actual impairment of performance skills in a public context, to a degree unwarranted given the individual's musical aptitude, training, and level of preparation.[29]

Bei seinem Versuch, in dem Dschungel der Terminologie mittels einer Definitionsstruktur Klarheit zu schaffen, ging Warren Brodsky weiter, indem er MPA in drei Teile untergliederte: zum einen bezogen auf den Auftritt, zum anderen auf das Medium Musik und schließlich auf die Persönlichkeit und Karriere des Musikers.[30] Aber sein Vorschlag scheint im leeren Raum verhallt zu sein. Es ist dabei geblieben, daß einige Wissenschaftler, Therapeuten, Mediziner und Musiker „Lampenfieber" und „Aufführungsangst" als Synonyme verwenden, während wiederum andere „Angst" als

---

28 Brandfonbrener, 1999, S. 101.
29 Salmon, 1990, S. 3.
30 Brodsky, Sloboda u. a., 1994, S. 109.

die Steigerung oder Folge von „Lampenfieber" ansehen, oder ihre eigenen Ausdrücke verwenden, z. B. „music performance stress"[31], „stage fright syndrome"[32] und „stage nerves"[33].

Die Autorin hält die Begriffe „Lampenfieber" und „Aufführungsangst" für unvollkommen und irreführend. Weil es aber keinen überzeugenden Ersatz gibt, werden nachfolgend die ungleichen Partner „Lampenfieber" und „Aufführungsangst" weiterhin verwendet und wie Synonyme behandelt.

---

31 Montello, Coons u. a., 1990, S. 49.
32 Gates, Johnson u. a., 1985, S. 570.
33 Simpson, 1984, S. 10.

III. Die Theorie der optimalen Leistung

Im Gegensatz zu den Differenzen darüber, wie das Phänomen genannt werden soll, scheint unausgesprochen Einigkeit darüber zu herrschen, daß es sich jedenfalls durch einen Katalog von Symptomen definieren ließe, auch wenn die Ursachen nicht genau erkannt oder verstanden würden.[34] Im nächsten Teil (Teil IV – Symptome und beitragende Faktoren) befindet sich ein solcher Katalog.

Zwei weitere Feststellungen finden ebenfalls Zustimmung in der Fachwelt: es handelt sich bei diesem Phänomen (a) nicht (nur) um die Folge von Unerfahrenheit, schlechter Vorbereitung oder mangelnden Könnens und (b) um weit mehr als nur die physiologischen Auswirkungen eines Reizes. Im Rahmen dieser beiden Thesen sind wichtige Begriffe entstanden, worauf jetzt näher eingegangen wird.

Es ist ein weitverbreiteter Irrtum, daß sich die Aufführungsangst mit mehr Üben und/oder häufigerem Auftreten beseitigen ließe.[35] Denn Untersuchungsergebnisse beweisen, daß weder die langjährige Erfahrung eines professionellen Musikers, noch seine Expertise einen Einfluß auf die Häufigkeit oder Heftigkeit seines Lampenfiebers haben müssen.[36]

Nicht in ausreichendem Maß wurde bisher diskutiert, ob es überhaupt wünschenswert sei, Aufführungsangst zu therapieren. Nur wenige beschäftigen sich mit dieser Grundfrage, obwohl bei Aufregung bzw. unter Leistungsdruck durchaus hervorragende Ergebnisse – auch künstlerische Sternstunden – erzielt werden können. Ein Blick auf die niedrige Rückgabequote, also auf die häufige Weigerung der Musiker, Fragebögen zu Lampenfieberthemen zu beantworten oder sich an Experimenten über Angstbewältigung zu beteiligen[37], läßt erkennen, daß wenigstens darüber nachgedacht werden müßte,

---

34 Deri, 1962, S. 114.
35 Brantigan, Brantigan u. a., 1982, S. 92.
36 Brotons, 1994; Clark, 1989; Cox und Kenardy, 1993; Hamann, 1982; Kemenade, Son u. a., 1995; Salmon, 1990; Wilson, 1986b; Wolfe, 1989.
37 Bei der groß angelegten Studie amerikanischer Orchester erreichte die Kooperationsbereitschaft der Mitglieder gerade 55 %, wobei diese Zahl einen Durchschnitt aller Beteiligten zwischen 0 und 95 % darstellt: Fishbein, Middlestadt u. a., 1988, S. 2.

ob Musiker für sich selbst die Frage nach Therapie negativ beantworten. Sie mögen die Befürchtung haben, durch die Beschäftigung mit dem Thema ein Stück künstlerischer Qualität zu verlieren[38] oder durch das offene Sprechen darüber die Angst noch zu steigern.[39]

> [Stage fright …] creates a feeling of delicious dread, a mixture of horror and anticipation.[40]

Das Verhältnis der Musiker zu diesem Thema – Lampenfieber therapieren oder sich damit abfinden – ist deswegen zwiespältig, weil einerseits der Reiz oder die Erregung des Auftritts dem Musiker Kraft, erhöhte Konzentrationsfähigkeit sowie künstlerische Inspiration verleihen kann, anderseits ihn in seiner Fähigkeit zu musizieren physiologisch hemmen, seine Wahrnehmung und seinen Verstand verwirren oder ihn durch Nervosität und negative Gedanken[41] entmutigen kann. Die Kernfrage ist, warum der gewünschte Effekt nicht immer und für jeden eintritt, und wann mit dem Unerwünschten zu rechnen ist.

> There seems to be an optimal amount of fear for good performance; too little and we risk being careless, too much and we react clumsily.[42]

Die Antwort wird dort gesucht, wo das seit 1908 von R. M. Yerkes und J. D. Dodson erkannte „Yerkes-Dodson Gesetz" verfeinert und ergänzt wird.[43] Dieses Gesetz (auch „inverted-U hypothesis" oder „performance curve" genannt) soll die Beziehung zwischen „arousal" und „motor performance" voraussagen. Es wird durch die Leistungskurve postuliert (siehe Seite 29: Abbildung 1 – Leistungskurve), daß es einen Bereich der optimalen Motivation (oder „drive") und der damit verbundenen körperlichen Erregung gibt, in dem eine optimale Leistung erzielt werden kann.[44]

Für die Bereiche links und rechts des Mittelteils der Kurve des „optimal arousal" werden die Begriffe „hemmende" bzw. „fördernde Angst"

---

38 Wolfe, 1989, S. 54.
39 Esplen und Hodnett, 1999, S. 130.
40 Gabbard, 1983, S. 440.
41 Mor, Day u. a., 1995, S. 209.
42 Marks, 1987b, S. 4.
43 Broadhurst, 1957; Easterbrook, 1959; Epstein, 1983; Neiss, 1988; Steptoe, 1982; Taylor, 1987; Wachtel, 1968.
44 Abbildung Nr. 1 in Anlehnung an: Hemery, 1986, S. 131.

(„debilitating" bzw. „facilitating anxiety") verwendet. Auf der linken Seite wirkt die Angst motivierend und sie kann konstruktiv genutzt werden, sie fördert die Leistung und gilt als „adaptiv"[45]. Auf der rechten Seite hingegen hemmt die Angst, sie behindert den Menschen durch übermäßiges „arousal". Das optimale an Konzentration und Kontrolle wird nicht mehr gewährleistet, die Erregung ist „maladaptiv". Auf den aufführenden Musiker angewandt bedeutet dies, daß sich grundsätzlich bei hemmender Angst der Auftritt verschlechtert, bei fördernder Angst verbessert.[46] Diese Theorie setzt allerdings eine ausreichende Arbeitsvorbereitung des Künstlers voraus: Angst als Resultat mangelhafter Vorbereitung wird „reactive anxiety" genannt[47] und ist ein wichtiges Thema bei der Verhaltenskomponente im Teil III.

Die Verfeinerung des Yerkes-Dodson Gesetzes hört aber hier nicht auf, weil es unter anderem gilt, eine verläßliche Erklärung zu finden, wann und warum „arousal" („drive", Erregung, Angst) eine positive oder eine negative Auswirkung auf die Leistung hat. Es hat sich herausgestellt, daß „optimal arousal" von der *Interpretation der Erregung* durch den aufführenden Künstler abhängt[48]. Um brauchbare Leistungskurven für Musiker zu erstellen, müssen zusätzlich äußere Umstände, unter denen die Aufgabe bewältigt werden soll, sowie auch die Persönlichkeit des Menschen, dessen Affekt und Kognition Berücksichtigung finden.

Hierfür wird nach Charles D. Spielbergers „Trait-State Anxiety Theory" zwischen der charaktereigenschaftsbedingten Angst („trait anxiety"), die ein fester Bestandteil der eigenen Persönlichkeit ist, und der situationsbedingten Angst bzw. Zustandsangst („state anxiety"), einer vorübergehenden und daher fluktuierenden Stimmung[49] unterschieden. Mit dieser differenzierten Beschreibung der Ängstlichkeit des Probanden („trait") sowie einer Bewertung des Situationsstresses („state"), entstehen Variable, die als Werkzeug benutzt werden können, um Leistung vorauszusagen.

---

45 deswegen könnten Angst reduzierende Strategien kontraproduktiv sein, da Leistung durch fördernde Angst gesteigert wird: Wolfe, 1989, S. 55; Hamann, 1985a, S. 28.
46 Lehrer, Goldman u. a., 1990, S. 13.
47 Sweeney und Horan, 1982, S. 487.
48 Salmon, 1990, S. 5.
49 Spielberger, 1971, S. 265.

Ein weiterer Faktor ist der Grad der Schwierigkeit der vom Musiker geforderten Leistung bezogen auf die „task-mastery" des Individuums, d. h. seine Beherrschung von Musik und Instrument[50]. Das Spiel einer technisch und musikalisch „leichten" Komposition leidet weniger unter dem Streß hoher Erregung als das Spiel eines virtuosen Werks, das auch unter nicht konzertanten Bedingungen als Herausforderung empfunden wird. Natürlich sind die Adjektive „leicht" und „schwer" subjektiv, sie gelten nicht allgemein für ein bestimmtes Werk, sondern sind immer auf das Können des jeweiligen Spielers bezogen.

Basierend auf der ganz allgemeinen Annahme, daß Verhalten sich als „eine Funktion der Reize und des Organismus" darstellen läßt[51], hat Glen Wilson versucht, eine *Ebene* der „optimal performance" für Künstler durch die drei Achsen, „state", „trait" und „task mastery"[52] zu definieren. Die daraus entstandene Dreidimensionalität (Abbildung 2 auf S. 30) scheint zunächst viel aufschlußreicher und praxisnäher als das zweidimensionale „inverted U" der Abbildung 1, nicht zuletzt weil jetzt zusätzlich die Aufgabenbeherrschung ins Gewicht fällt.

Um diesen abstrakten Bildern Leben einzuhauchen und auf tatsächliche Leistungssituationen zu übertragen, muß die inhärente Natur der Aufgabe bedacht und erwogen werden. Denn den Menschen werden *verschiedene* Leistungen abverlangt, je nachdem, ob die Geschicklichkeit eines Geigers oder die Kraft eines Gewichthebers gefordert ist.

Für Aufgaben, die eher Feinmotorik verlangen als körperliche Stärke beanspruchen, wird der Bereich der Optimierung bei relativ wenig „arousal" liegen. Der Zenit der Leistungskurve in Abbildung 1 verschiebt sich entlang der Arousal-Achse weiter nach links. Für Aufgaben, die durch eher grob motorische Bewegungen zu meistern sind, würde der höchste Punkt einer optimierten Leistungskurve nach rechts verlagert auf einer höheren

---

50 Zur Vereinfachung wird in dieser Arbeit von „Musikern" statt von „Musikern und Musikerinnen" gesprochen, sowie von „Spielern" und „Instrumentalisten", obwohl auch Sänger und Sängerinnen mit ihrem Instrument, der Stimme, gemeint sind.
51 Michel und Novak, 1994, S. 116.
52 Wilson, 1985, S. 146.

Arousalstufe liegen.[53,54] Jedoch gibt es Musikkompositionen, bei denen vom Musiker abwechselnd – und manchmal beinahe gleichzeitig – beide Arten der muskulären Aktivität gefordert werden. Zum Beispiel werden dem Solisten bei einem Violinkonzert mit Begleitung eines symphonischen Orchesters sowohl feine, differenzierte motorische Bewegungen als auch große Kraftanstrengungen (um sich durch Klang und Lautstärke vom Orchester abzuheben) verlangt. Will man eine allumfassende „Theorie der optimalen Musikerleistung" erstellen, muß man also auch flexibel auf die abgeforderte Leistungsart eingehen und es nicht nur bei den Komponenten „facilitating-debilitating anxiety", „trait-state anxiety" und „task-mastery" belassen.

Abbildung 1 – Leistungskurve
Physiologische und emotionale Kraft, Konzentration und Kontrolle

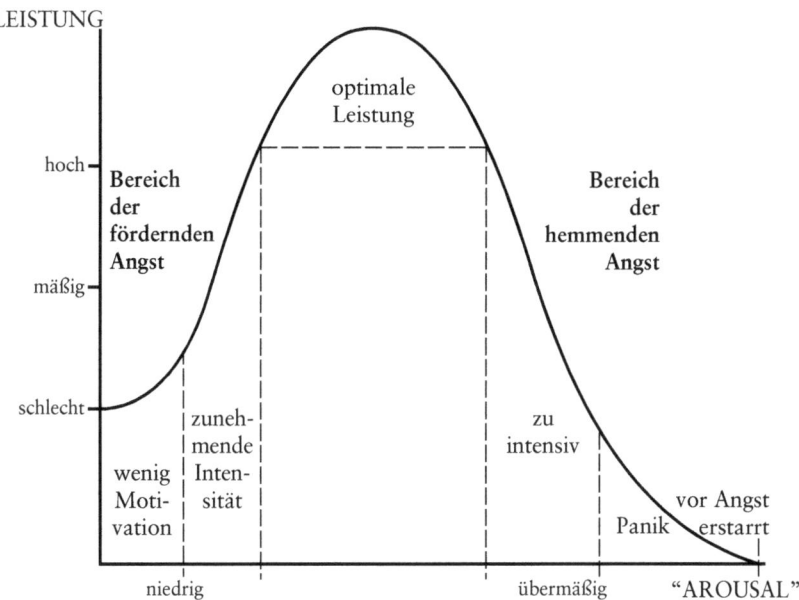

---

53 Taylor, 1987, S. 141.
54 Andrew Steptoe machte Experimente mit Sängern und folgerte, daß eine mittlere Erregung für ihr Musizieren optimal sei: Steptoe, 1982.

Abbildung 2 – Drei Dimensionen der Aufführungsangst nach Wilson

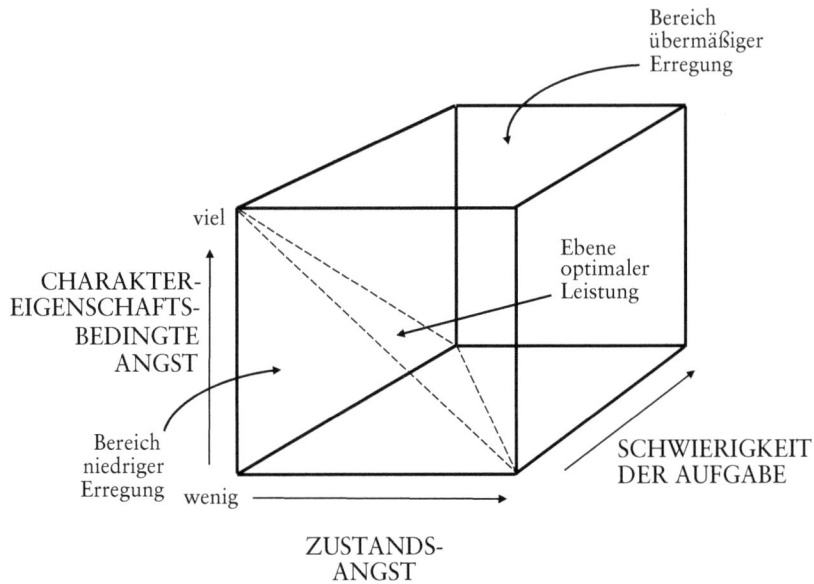

IV. Symptome und beitragende Faktoren nach der „Drei-Komponenten-Theorie"

Ein Eckpfeiler der wissenschaftlichen Betrachtung von Lampenfieber ist die „Drei-Komponenten-Theorie" nach Peter Lang, auch das „Drei Faktoren Modell" genannt. In seinen Recherchen zum Thema „fear" identifizierte Lang drei teilweise unabhängige Reaktions- bzw. Verhaltenssysteme[55]: das somatische, verbal/kognitive und explizit motorische System.[56,57] Durch die Übertragung auf die Analyse der Aufführungsangst sind drei Kategorien von Reizantworten entstanden: „physiological, cognitive, and behavioral".[58,59] Diese in der Literatur übliche dreiteilige Gliederung für die verschiedensten Auswirkungen des Lampenfiebers in die 1. physiologische, die 2. kognitive und die 3. Verhaltenskomponente wurde hier übernommen. Wie die folgenden Abschnitte zeigen werden, ist diese Einteilung nur ein organisatorisches Hilfsmittel. Nicht immer gelingt es, ein Symptom nur einer Kategorie zuzuordnen, häufig sind die Grenzen fließend.

Es gibt in der Hirnforschung durch die aktuelle Untersuchung des Mandelkerns[60,61] (auch *Corpus amygdaloideum* oder „Amygdala") sowie durch die neu aufgestellten Theorien der „emotionalen Intelligenz"[62] veränderte Ansatzpunkte zur Erklärung von Prozessen, bei denen Gedanken Emotionen auslösen und Gefühle – vor allem Ängste – zu Erinnerungen verarbeitet und gespeichert werden.

---

55 Reihenfolge entsprechend der Lampenfieberforschung geändert.

56 Lang, 1968, S. 90.

57 Obwohl seine Arbeit häufig als *Angst*forschung zitiert wird, wurden „fear responses" im Gegensatz zu „anxiety responses" von ihm erforscht. Bei der Wiedergabe seiner Thesen von anderen scheinen die beiden Begriffe „fear" und „anxiety" als Synonyme verwandt zu werden.

58 Salmon, Schrodt u. a., 1989, S. 77; auch Appel, 1976; Craske und Craig, 1984; Fredrikson und Gunnarsson, 1992; Lehrer, 1987a; Lehrer, 1995; Welbel, 1998.

59 Eine auf Einzelheiten eingehende Diskussion über die Verwendung des Worts „behavior" befindet sich am Anfang vom Teil VI.

60 LeDoux, 2001 (deutsche Übersetzung).

61 im Zusammenhang mit Lampenfieber dargestellt: Noll, 2001.

62 Goleman, 1997 (deutsche Übersetzung).

Auf der Basis dieser neuen Überlegungen werden gegenwärtig Experimente unternommen, um weitere neurowissenschaftliche Erkenntnisse über den neuralen Schaltkreis der Emotionen zu gewinnen. Diese könnten Aufschluß sowohl über die somatischen Reaktionen als auch die Prozesse des Lernens und des Gedächtnisses bringen. Womöglich werden zukünftig dabei Schlüssel entdeckt, die mehr zum Verständnis der Interaktionen der hier dargestellten Komponenten der Angst bei der Erforschung des Lampenfiebers beitragen.

Erst nachdem sich die Neurobiologen mehr Wissen angeeignet und ihre neuen Forschungsergebnisse theoretische untermauert haben, wird sich herausstellen, ob ein Umdenken notwendig ist. Bis zu diesem Zeitpunkt aber scheint es sinnvoll, zunächst weiterhin von *drei* Komponenten der Angst zu sprechen, und auf eine mögliche *vierte* Komponente „Emotionen" im Teil V. gesondert einzugehen.

1. Die physiologische Komponente

Gleich ob man einem Bären im Wald begegnet, oder einen Kritiker in der ersten Reihe des Saals sieht, ob man sich einen Gedächtnisausfall auf der Bühne schon Tage vor der Aufführung lebhaft und detailliert vorstellt – die physiologische Reaktion ist identisch. Physiologen und klinische Psychologen haben bewiesen, daß der menschliche Körper zwischen einer realen Erfahrung und einer Einbildung nicht unterscheiden kann.[63]

In weniger als einer Sekunde wird ein Alarmzustand ausgelöst: Flüchten oder standhalten – kämpfen oder erstarren, sind biologisch vorprogrammierte Überlebenstaktiken von Säugetieren, d.h. auch für den *homo sapiens*. Das vegetative Nervensystem besteht aus den Antagonisten Sympathikus und Parasympathikus (=Vagus). Sie sind uralte Anlagen des Gehirns, die schon bei unseren biologischen Vorvätern, den Primaten, vorhanden waren und welche nur schlecht oder gar nicht unter die Kontrolle des entwicklungsgeschichtlich später angelegten Großhirns zu bekommen waren.

Nach der Definition aus dem Brockhaus soll das vegetative Nervensystem „die mit dem Bewußtsein verbundenen Empfindungen und Bewegungen" regeln. Zumindest wurde an diese ausschließliche Autonomie lange Zeit geglaubt. Heute werden Autogenes Training, Biofeedback und Selbsthypnose

---

63 Begley, 2000, S. 52; Caire, 1991, S. 27; Hanley, 1984, S. 29.

(um nur drei Beispiele zu erwähnen) als Methoden benutzt, um der Willkür dieser sogenannten *autonomen* Systeme – zumindest zum Teil – entgegenzutreten. Für das Verständnis der Symptome, die das „Vegetativum" beim Menschen auslöst und vor allem im Hinblick auf einen potentiellen psychologischen oder gar medikamentösen Therapieansatz von „Lampenfieber", soll eine kurze Zusammenfassung der Wirkung der beiden „Systeme" beschrieben werden.[64]

Gesteuert vom Hypothalamus agieren die zwei Antagonisten: Der Sympathikus erregt oder fördert und der Vagus drosselt oder hemmt die Aktivität von Organfunktionen als Reaktion auf einen Umweltreiz oder Impuls, auf eine reale oder irreale Gefahr. Im Schock- oder Streßzustand wird für eine Zentralisierung der somatischen Aktivierung gesorgt. Kreislauf, Atmung, Verdauung – alle Kräfte werden mobilisiert, damit die Versorgung des Körpers auf erhöhte Leistung eingestimmt werden kann. Leider ist dieses animalistische Überlebensprogramm nicht immer mit den Anforderungen der Hochleistung des Instrumentalspiels oder des Gesangs zu vergleichen oder vereinbaren. Der Sympathikus ermöglicht das Kämpfen oder Flüchten, der Vagus (auch „Todesnerv" genannt) wirkt in die entgegengesetzte Richtung und kann Unbeweglichkeit oder Bewußtlosigkeit (das Beispiel der Sängerin Carly Simon wurde schon erwähnt) verursachen.

Auf den Seiten 35 und 36 befindet sich eine tabellarische Darstellung (Tabelle 1 – Somatische Symptome) von diesem Sympathikus-Vagus Antagonismus mit einigen Beispielen von körperlichen Reaktionen des ausübenden Musikers, der je nach Wahrnehmung seiner Umgebung und seiner Veranlagung vagoton oder sympathikoton reagiert. In diesen physiologischen Ursachen zeichnen sich die Reaktionen auf die Aufführungsangst ab. Natürlich wird kein Mensch unter allen Symptomen gleichzeitig leiden. Unter den am häufigsten auftretenden somatischen Zeichen für Lampenfieber sind Herzklopfen und Zittern[65]. Je nachdem, welches Instrument gespielt wird, werden diese Symptome als dem Musizieren abträglich empfunden[66]. Als Horror der Holz- und Blechbläser wird der trockene Mund angeführt; ein Organist dagegen leidet eher unter zittrigen Händen und

---

64 Eine ausführliche Abhandlung über den „Aufbau und Funktion von Nervensystem und Sinnesorganen" bietet: Klöppel, 1997.

65 Wesner, Noyes u. a., 1990, S. 181.

66 Wolfe, 1989.

Knien. „Schmetterlinge im Bauch" werden quer durch das ganze Orchester gemeldet, sie führen nicht direkt zu Schwierigkeiten mit einem Instrument, können aber einen Sänger schwer beeinträchtigen.

Die bekanntesten Anzeichen der Erregung werden als Folge eines „Adrenalinstoßes" verstanden, aber Adrenalin ist nicht der einzige hormonelle Täter. Die Systeme Sympathikus und Vagus funktionieren mittels Neurohormonen deren wichtigste Adrenalin und Noradrenalin sind.[67] Diese adrenergen Überträgersubstanzen entwickeln ihre Wirkung in den Nervenschaltstellen, den Synapsen. Die Wirkung dieser körpereigenen Substanzen läßt sich durch Psychopharmaka beeinflussen[68], indem die Rezeptorenstellen, vor allem die Beta-Rezeptoren, chemisch blockiert oder neutralisiert werden[69].

> Flooding these [smaller] muscles with adrenaline is like urging a mouse with a cattle prod: the result is spasm and collapse. In short, the biochemical changes which are the hallmark of stage fright constitute involuntary self-poisoning by the musician.[70]

Dieser Prozeß der „Selbstvergiftung" hemmt den Musiker bei der Aufführung. Zusätzlich hat das Wahrnehmen der dabei auftretenden somatischen Symptome einen direkten Einfluß auf den Betroffenen. Die Erscheinung „Angst nährt Angst" („fear feeds fear") ist ein teuflischer Rückkopplungs-Kreislauf („feedback loop"): physiologische Anzeichen des Angstreizes (z. B. die Hände zittern und können schlecht koordiniert werden), führen zu Spielfehlern (wie falschen Tönen), die wiederum weitere Ängste (Versagensängste u. a.) sowie die Antizipation weiterer Fehler verursachen, die zu einer Steigerung der Erregung des autonomen Nervensystems führen[71].

In einem solchen Kreislauf verwischt die Trennungslinie zwischen den physiologischen und kognitiven Reaktionen, zwischen organischen und psychischen Prozessen, die das Verhalten des Musikers beeinflussen können.[72] Dennoch wird versucht, die Zustandsangst („state anxiety") in den somatischen Reizantworten zu definieren.

---

67 Diese „chemical neurotransmitters" werden im Englischen auch „ephinephrine" und „norephinephrine" genannt: Lederman, 1999, S. 118.
68 Michel und Novak, 1994, S. 151, 152; Schneider, 1966.
69 Lederman, 1999, S. 118.
70 Wilson, 1986b, S. 174.
71 James, Griffith u. a., 1977, S. 952; James, Pearson u. a., 1978, S. 336; Nies, 1986, S. 28; Nubé, 1991; Sweeney und Horan, 1982, S. 487.
72 siehe Abbildung 4 – „Angst nährt Angst" – am Ende dieses Hauptkapitels auf S. 45.

Tabelle 1 – Somatische Symptome

Organ	Beispiele für Erhöhung des Sympathikustonus	Auswirkung für Musiker	Beispiele für Erhöhung des Vagustonus	Auswirkung für Musiker
Gehirn	Erhöhter Sympathikusreiz steigert die Empfindlichkeit aller Synapsen	Impuls-Überschwemmung, Nervosität steigt	Bremsende Impulse	Veränderungen des Blutdrucks kann zum Schwindelgefühl führen
	Nervenerregung im Bereich des Cortexbreitet sich auf andere Gehirnteile aus	Ungesteuerte Aktivierung von Zellen, erhöhter Musikertonus – Zittern	Mangeldurchblutung	Müdigkeit, Gähnen
	„Überschwemmung" und Nervenüberreizung des Kreislaufzentrums	Konzentrationsschwäche, blockiertes Gedächtnis („black out")		
Ohren	Verstärkte Zuleitung von Impulsen – Wahrnehmung von Nebengeräuschen wird verstärkt	Ablenkung (die erhöhte Empfindlichkeit kann aber auch die Interpretation beflügeln)		
Augen	Die Pupillen werden eng gestellt	Fokus nur auf das Wesentliche	Pupillen werden weit gestellt	Verschwommenes Bild, begrenzte Fähigkeit der Fokussierung
Lunge	Erhöhung der Atemfrequenz, Hyperaktivität für optimale Sauerstoffmenge	Falsche, schnelle und flache Atmung („Hyperventilation") Ohnmacht als Folge von zuwenig CO_2	Schleimbildung verstärkt	Kurze und beengte Atmung bis hin zur Asthmasymptomatik
Herz	Anregend, gesteigerte Herzfrequenz und Ansteig des systolischen Blutdrucks	Unangenehmes Herzrasen Herzrhythmusstörungen, Schmerzen im Brustkorb, das Gefühl der Unruhe		

Organ	Beispiele für Erhöhung des Sympathikustonus	Auswirkung für Musiker	Beispiele für Erhöhung des Vagustonus	Auswirkung für Musiker
Gefäße	Engstellung der Gefäße durch Kontraktion der glatten Gefäßmuskulatur, Einengung und dadurch verminderte Blutzufuhr	Betrifft vor allem die Extremitäten (kalte Hände), Blässe im Gesicht	Erweiterung der Gefäße und dadurch erhöhte Blutzufuhr	Betrifft eher den Körper zum Kopf hin: Hitzegefühl, Erröten
Magen, Niere, Leber	Verdauung für 20–30 Minuten komplett eingestellt, das in der Leber gespeicherte Glykogen wird in Zucker umgewandelt und ausgeschüttet, Blutzucker steigt	Knurren im Bauch	Solarplexus in erregter Aktivität	„Schmetterlinge im Bauch"
Darm, Blase			Vermehrte Peristaltik	Durchfall, Übelkeit, Erbrechen, Harndrang
Muskeln	Erhöhte Verspannung	Unkontrolliertes Zittern der Extremitäten, Muskelanspannung		
Speicheldrüsen	Speichelproduktion vorübergehend eingestellt	Trockener Mund, Schluckbeschwerden		
Schweißdrüsen	Schweißproduktion angeregt, „kalter Schweiß"	Haut betroffen: kalte und schwitzige Hände und Füße, Streßschweiß mit unangenehmem Geruch	Verminderung der Schweißproduktion	Hände bleiben warm und trocken

(Die Hauptquellen für die in der Tabelle enthaltenen Informationen sind: Martin 1964, S. 103–104; Schneider 1966, S. 539; Kochevitsky 1967, S. 52; Lockwood 1989, S. 225; Caire 1991, S. 27; Brodsky, Sloboda et al. 1994, S. 107; Jourdain 1997, S. 203; Lederman 1999, S. 118; Sataloff, Rosen et al. 1999, S. 123)

2. Die kognitive Komponente

Qualvolle Gedanken peinigen den Musiker beim Auftritt, er ist von Fehlervermeidung besessen, wird immer nervöser und unkonzentrierter, verliert den Faden. Nervosität und Erwartungsangst steigern seine physiologische Erregung und seine „self-fulfilling prophecies" gehen auf: er versagt. Dieselben Auftrittsbedingungen und physiologischen Symptome empfindet ein anderer Musiker als Aufregung, Inspiration, Intensität, spielt daraufhin voller Selbstvertrauen[73] und demonstriert dabei „the power of non-negative thinking"[74]. In beiden Fällen spielt „die kognitive Komponente" die Hauptrolle.

Durch eine Reihe von Experimenten erkannten Stanley Schachter und Jerome Singer, daß:

> Given a state of physiological arousal for which an individual has no immediate explanation, he will "label" this state and describe his feelings in terms of the cognitions available to him.[75]

Es geht um die Wirkung innerer psychischer Zustände und Dispositionen[76], die beeinflussen, *wie* der Reiz aufgenommen (und mit Etiketten – „labels" – versehen) wird und welches Verhalten dies zur Folge hat. Wenn die körpereigenen Alarmglocken läuten und der Erregungszustand ausgerufen wird, haben Wahrnehmung, Gedächtnis und andere Bestandteile der Kognition den Reiz gerade verarbeitet, d.h. identifiziert, bewertet und eingeordnet. Die Frage, ob auch Emotionen *unabhängig von Kognitionen* eine Rolle spielen können, wurde bereits am Anfang dieses Kapitels gestellt und wird im folgenden Teil V – Emotionen – erneut aufgegriffen.

Ein weiterer Blick auf das Rückmeldesystem „fear feeds fear" ergibt: schon die ersten Anzeichen der Erregung können als Indikatoren dafür *interpretiert* werden, daß „nicht alles in Ordnung ist". Gedanken wie „ich werde nicht in der Lage sein, gut zu spielen", oder das Bild einer Katastrophe[77] (z.B. des Versagens) werden dadurch ausgelöst. Gesteigerter

---

73 Wolfe, 1990b, S. 35.
74 Ingram und Kendall, 1987, S. 532.
75 Schachter und Singer, 1962, S. 381.
76 kognitive Strukturen: Clauss, 1995, S. 238.
77 „catastrophic thinking": Salmon, 1991, S. 56.

„arousal" erleichtert den Zugang zu Erinnerungen an frühere Fehler[78], die
die damit verbundenen Schamgefühle aufleben lassen[79]. Hier sei auf eine
Untersuchung mit Musikern, die im Teil VI aufgeführt wird, vorgegriffen:

> Intrusive and disruptive thoughts [that in turn result in poorer performance] arise
> from cognitive structures in long-term memory [and] high levels of trait anxiety are
> associated with relatively extensive and elaborated schemata in memory concerned
> with threatening events.[80]

Hier wird die Wechselwirkung („correlation") zwischen „trait anxiety"
und „debilitating anxiety" angesprochen: d. h., bei einem nervösen Musiker
(hohe Charaktereigenschaftsangst) wird die durch die Aufführung ausge-
löste Erregung als hemmende Angst erlebt.

Aus Untersuchungen der Sportpsychologie ist allgemein bekannt, daß
Athleten sich am deutlichsten in ihrer Psyche, nicht in ihrem Training oder
ihrer Begabung, voneinander unterscheiden.[81] Welche Kognitionen und
welche psychischen Variablen die Leistung – nicht nur bei Musikern und
Sportlern – beeinflussen, wurde ausführlich von Albert Bandura untersucht
und führte zu seiner „self-efficacy" Theorie:

„Self-efficacy" ist die Stärke oder Intensität der (Selbst-) Überzeugung,
daß eine Aufgabe durch eigenes, erfolgreiches Handeln bewältigt werden
kann; tatsächliche Leistung wird durch den Glauben an die eigenen Fähigkeiten[82], d. h. durch das Selbstvertrauen des Individuums, vorausgesehen.
Je stärker die wahrgenommene „efficacy expectation" ist, desto größer die
Anstrengung[83]. Diejenigen, die sich nicht in der Lage sehen, den geforderten Ansprüchen (Forderungen der Umwelt) zu genügen, schätzen sich als
„inefficacious" ein. Diese Personen grübeln über ihre eigenen Schwächen
nach und stellen sich *potenzielle* Probleme vor, die sie als viel schwieriger bewerten, als sie in der Tat sind. Ihre Befürchtungen sind kognitive Störungen,
die ihnen weiteren Streß verursachen und ihre Leistung beeinträchtigen[84].

78 Ingram und Kendall, 1987, S. 529.
79 Sataloff, Rosen u. a., 1999, S. 124; vgl. Teil V, S. 49.
80 Butler und Mathews, 1987, S. 553.
81 Allman, 1992, S. 50.
82 Weinberg, 1981, S. 206.
83 Bandura, 1977, S. 194.
84 Bandura, 1982, S. 123.

Neben „self-efficacy" werden an dieser Stelle zwei weitere Begriffe eingeführt: „worry" und „emotionality". Im Zusammenhang mit Prüfungsangst differenzieren Wissenschaftler zwischen der „besorgten Betroffenheit" („worry") und dem „Emotionalitätsfaktor" („emotionality")[85]. „Besorgte Betroffenheit" ist von flüchtiger Natur und, ähnlich der „state anxiety", ein vorübergehender Zustand, beschränkt auf die Prüfungssituation. Der „Emotionalitätsfaktor" jedoch, ähnlich der „trait anxiety", ist eher konstant, eine persönliche Veranlagung, die in die kognitive Leistung eingreift[86] und daher für die Erforschung von Lampenfieber von besonderem Interesse ist.

Sowohl die Selbsteinschätzung der eigenen Erfolgschancen als auch die charaktereigene Emotionalität sind introspektive Faktoren, die zur „kognitiven Komponente" gehören. Die Abbildung 3 (Seite 40) bietet einen Überblick[87] über die Mechanismen, die zu kognitiven Störungen führen können.[88]

Bisher wurde hauptsächlich erörtert, wie Kognitionen der Leistung abträglich sein können. Als Einstieg in das Thema, wie die Erkenntnisse aus der Beschäftigung mit der kognitiven Komponente zum Vorteil für den Betroffenen eingesetzt werden könnten, wird im Rahmen der Fallschirmspringer Untersuchungen im folgenden Teil 3 – Die Verhaltenskomponente – besprochen.

So fließend wie der Übergang zwischen den ersten beiden Komponenten, Physiologie und Kognition, ist auch der Übergang zwischen Kognition und Verhalten. Sie sind nicht vollständig voneinander zu trennen, obwohl sie eigentlich methodisch zwei völlig unterschiedliche Betrachtungsweisen fordern. Kognitionen sind dem Auge verborgen – Informationen darüber sind dem Forscher nur via introspektiver Selbstbeobachtungen der Probanden zugänglich. Verhalten dagegen ist außen sicht- und meßbar und kann vom Versuchsleiter unter experimentellen Bedingungen beobachtet werden. Daher wird Verhalten als eigenständige Komponente untersucht, wenn auch das Verhalten ohne Frage zum großen Teil von Kognitionen beeinflußt wird.

---

85 Michel und Novak, 1994.
86 Wine, 1982.
87 eine Zusammenfassung aus: Karp, 1988; Marshall, 1994; Mor, Day u. a., 1995; Nagel, Himle u. a., 1989; Steptoe, 1989; Wine, 1982.
88 Es wurde keine Literatur gefunden, in der die Korrelation und/oder Interaktion zwischen „self-efficacy" und „worry" untersucht wurde. Daher erscheinen beide hier als Subkategorien der kognitiven Interferenz.

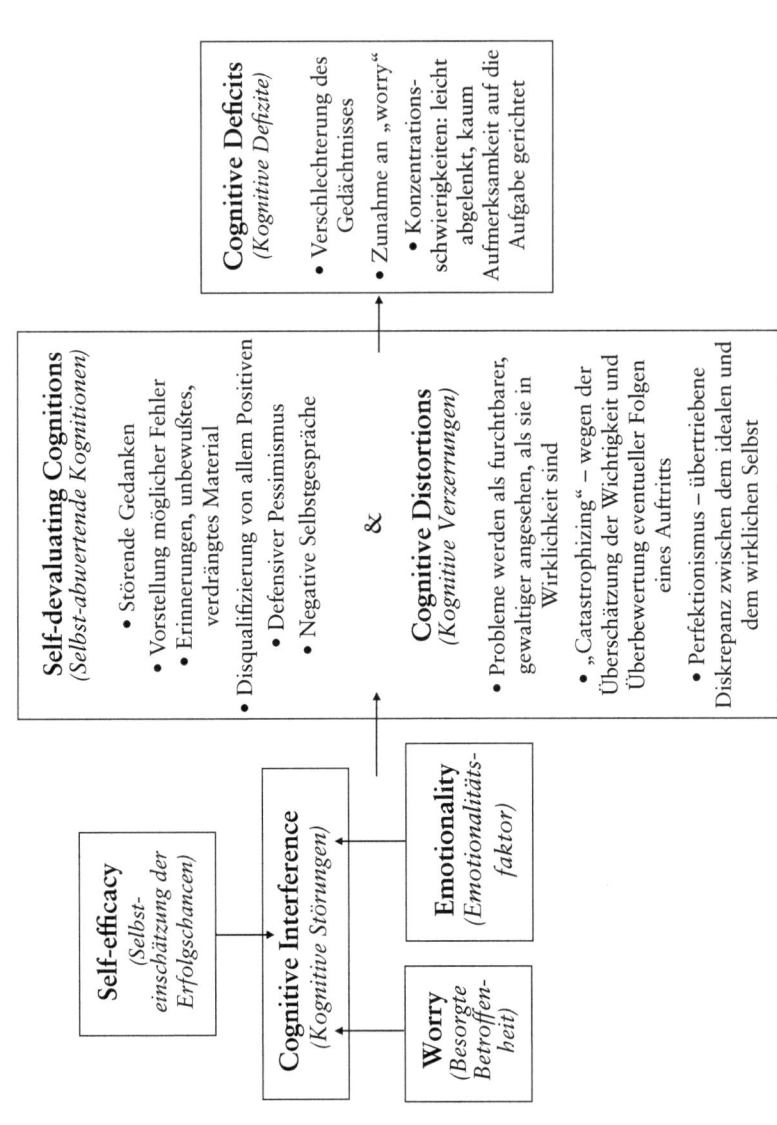

Abbildung 3 – Kognitive Störungen

3. Die Verhaltenskomponente

„Üben oder nicht üben" ist eine zentrale Frage der Verhaltenskomponente. Denn ohne ausreichende Vorbereitung wird jeder Musiker falsche Töne singen oder spielen. Der Musiker, der unter Lampenfieber leidet, spürt seine Angst schon im Vorfeld der Aufführung. Wenn er übt, setzt er sich dieser Angst aus. Daher steht der Konflikt zwischen dem Annähern (üben) und dem Meiden (nicht üben) im Mittelpunkt der Diskussion um diese Komponente.[89]

> The third component of anxiety, involving behavioral tendencies, is evident chiefly in the tendency to escape from or avoid the source of one's distress.[90]

Eine Verhaltensform, die weit verbreitet ist, verbindet Vermeidung mit Verdrängung und „auf Morgen verschieben" (Englisch: „procrastination"[91]). Menschen tendieren dazu – bewußt und unbewußt – Aktivitäten zu meiden, die ihnen Angst bereiten. Anstatt schwierige Passagen häufiger und intensiver zu üben, machen unter Lampenfieber leidende Musiker einen Bogen um jene Stellen.[92] Entschuldigungen und Erklärungen, wichtige Hinderungsgründe und Krankheiten, werden manchmal erfunden, damit nicht geübt werden muß.[93]

Viele Spieler setzen kaum Proben an, bei denen die Situation des Vorspielens praktiziert werden könnte. Sie versuchen *nicht* an den bevorstehenden Auftritt zu denken. In der Tat ist dieses „nicht daran denken" eine der wichtigsten selbstbetrügerischen Taktiken. Gerade die Gedanken, die Angst auslösen könnten, werden vermieden. Diese Strategie hat einen Namen: „self-handicapping"

> [...] is the set of behavioral strategies enacted before a performance that permits the individual to externalize failure and internalize success.[94]

---

89 „Annäherungs-Vermeidungs-Konflikt ": Michel und Novak, 1994, S. 202; oder „approach-avoidance conflict": Bandura, Jeffery u. a., 1974; Roth und Cohen, 1986.

90 Salmon, 1991, S. 56.

91 Für Bonnie Robson ist „procrastination" ein Zeichen für Angst vor Versagen: „fear of failure": Robson, Davidson u. a., 1995, S. 34.

92 Lehrer, 1987a, S. 148–9.

93 Eine literarische Exkursion in die Gedanken eines Musikers, die ihn vom Üben abhalten, bietet das Buch *Kopfsonate: Roman einer Obsession*: Müller, 2001.

94 Rhodewalt, Saltzman u. a., 1984, S. 197; auch: Berglas und Jones, 1978, S. 406.

„Self-handicapping" wurde bei Musikern noch nicht wissenschaftlich erforscht, aber bei Alkoholikern, Schülern und Studenten sowie bei Sportlern.
Zum Beispiel, in einer ausführlichen Studie beobachtete Frederick Rhodewalt das Verhalten von Athleten vor wichtigen Wettkämpfen und stellte
fest, daß diejenigen, die hohes „self-handicapping" betrieben, weniger trai-
nierten, häufiger zum Arzt gingen und die Bedingungen vor Ort als weniger optimal beurteilten als diejenigen, die nicht unter „self-handicapping"
litten. Ein eventueller Erfolg unter solchen Vorzeichen – trotz schlechter
Vorbereitung – wird als Selbstbestätigung aufgefaßt; für ein Versagen ist
vorgesorgt: das Selbstwertgefühl wird nicht bedroht, denn es gab modifi-
zierbare Hinderungsgründe für die minderwertige Leistung.[95],[96]

Erwartungsangst („anticipatory anxiety") kann den Musiker auch zum
„self-handicapping" veranlassen. Dann hält er sich selbst von der nötigen Vor-
bereitungsarbeit ab; er übt nicht auf dem Instrument und stimmt sich psychisch
nicht auf die Aufführung ein. Er wird „belohnt": in dieser Phase wird die Angst
reduziert[97], aber der Preis ist hoch. Vor allem wenn Musiker sich scheuen, über
ein bevorstehendes – wenngleich Angst erzeugendes – Ereignis nachzudenken,
enthalten sie sich einer effektiven antizipatorischen Bewältigungsstrategie.[98] So
wirkt die Angst nur hemmend und kann nicht für fördernde Zwecke eingesetzt
werden. Denn Erwartungsangst, „verabreicht" in wohl dosierten Mengen,
kann beim tatsächlichen Ereignis wie schon erwähnt angst*hemmend* wirken:
diese Theorie haben Experimente mit Fallschirmspringern bestätigt.

Nach Iwan Pawlows „principle of graded stress inoculation" untersuchten
Seymour Epstein und Walter Fenz das Verhalten von erfahrenen und unerfahrenen Fallschirmspringern[99]. Die Forscher haben objektive Veränderungen

---

95 Es gibt viele Möglichkeiten *im Voraus* dafür zu sorgen, d.h. Entschuldigun-
    gen und Erklärungen für das eigene Verhalten vorzubereiten, damit man *im
    Nachhinein* sagen kann: unter anderen Bedingungen hätte ich Erfolg gehabt.
    Paradoxerweise führen aber weder „self-handicapping" noch „excuse-making"
    zwangsläufig zum Mißerfolg (über „excuses": Snyder und Higgins, 1988; über
    „self-handicapping": Arkin und Baumgardner, 1985, S. 177).
96 Natürlich enthält die Strategie „self-handicapping" kognitive Elemente wie
    „self-efficacy". Dennoch gehört „self-handicapping" eindeutig zur Verhaltens-
    komponente, weil bestimmte Aktivitäten vermindert oder vermieden werden.
97 Desberg und Marsh, 1988, S. 94; Roth und Cohen, 1986, S. 813.
98 Salmon, 1991, S. 56.
99 Epstein, 1983; Epstein und Fenz, 1965; Fenz und Epstein, 1967.

von physiologischem „arousal" beobachtet (durch Messungen von Herz- und Atemfrequenz und elektrischem Hautwiderstand) und diese mit subjektiven Selbstbeurteilungen („self-reports") der Springer verglichen. Gefragt war nach Annäherungs- und Vermeidungstendenzen. Zum Annäherungsverhalten zählten Vorfreude und fördernde Angst, als Vermeidungsverhalten und -gedanken galten z. B. hemmende Angst sowie die Impulse umzukehren und aufzugeben.

Als Kurven ausgewertet ergaben die zwei Datensätze, „arousal" und „self-report" erstaunliche Ergebnisse. Der Gipfel der Angst bei den Erfahrenen lag laut „self-report" *vor* dem Springen, weil sie ihre Angst zuließen und dosierten. Auch ihr am Körper gemessener „arousal" gipfelte vor dem Akt. Die Unerfahrenen erlebten just im Moment des Absprungs ihren Angsthöhepunkt, sowohl im Denken als auch im somatischen „arousal", *weil* sie vorher ängstliche Gedanken vermieden und verdrängt hatten.

Aus den Fallschirmspringer Untersuchungen haben Lampenfieberforscher zwei praktische Konsequenzen für die adäquate Konzertvorbereitung gezogen. Der Musiker muß sich demnach im Vorfeld nicht nur mit der Musik und seinem Instrument beschäftigen, sondern auch mit seinen Ängsten:

(1) Eine Auseinandersetzung mit der Erwartungsangst kann für die Aufführung fördernd sein, weil der Musiker dadurch eine Chance erhält, den Umgang mit dieser Angst zu üben und zu lernen, damit fertig zu werden[100] und

(2) eine Portion besorgte Betroffenheit („worry") im voraus bereitet den Menschen auf die Angst vor und hilft daher, eine Reduzierung der Angst beim tatsächlichen Auftritt zu erreichen[101].

Es hat sich gezeigt, daß es mit dem Prinzip der „graded stress inoculation" durchaus Möglichkeiten gibt, konstruktiv mit Erwartungsangst umzugehen. Am Schluß dieser Überlegungen zur Verhaltenskomponente wird jetzt zurückgeblickt auf die Feststellung im Teil III, daß sich im allgemeinen Lampenfieber auch trotz vermehrter Erfahrung und Aufführungspraxis nicht verringern läßt:

The stubborn tenacity of performance anxiety is one of its greatest puzzles. "Habituation" – the gradual, incremental exposure to the feared situation under

---

100 Salmon, 1990, S. 6.
101 Lehrer, 1995, S. 144.

professional guidance – has long been a cornerstone of treatment for phobias of other kinds, but as I have suggested, professional performers may not "get used to" the performing situation despite repeatedly forcing themselves through it.[102]

Wie sind diese Erkenntnisse nun mit den Ergebnissen der Fallschirmspringer Studien zu vereinbaren? Sich immer wieder Angst provozierenden Situationen auszusetzen[103] („counterphobic behavior"), bringt nicht immer eine Minderung der Angstgefühle mit sich und kann sogar dazu führen, daß die Angst gesteigert wird[104, 105].

Die Antwort liegt wahrscheinlich darin, daß nicht jeder erfahrene Musiker lernt, durch aktives Intervenieren *vor* dem Auftritt sein Angsthemmsystem so zu modulieren, daß das Erregungsmaximum zeitlich nach vorne verschoben und in seiner Intensität abgeschwächt wird[106]. Stattdessen wiederholt er immer wieder dieselbe unglückliche Erfahrung mit der Angst, ohne sie für sich zu instrumentalisieren.

4. „Angst nährt Angst"

Aus den Ausführungen über die physiologischen, kognitiven und verhaltensbezogenen Symptome und den dazu beitragenden Faktoren entstand die Abbildung 4 vom Kreislauf „Angst nährt Angst" auf Seite 45. Diese Darstellung zeigt die drei Komponente, ihre Interaktionen und einige Anhaltspunkte für die therapeutische Intervention.

Wie bereits am Anfang dieses Kapitels erwähnt, sind in diesem dreiteiligen Modell Reizantworten, die allgemein dem Begriff „Emotionen" zugeordnet werden *nicht* repräsentiert. Einige Wissenschaftler zählen „Emotionen" zu der kognitiven Komponente, andere[107] wiederum sehen sie als eine eigenständige vierte Komponente an. Spätestens seit der Erforschung von „stress" ist klar, daß Emotionen vergleichbare Symptomkomplexe als

---

102 Marshall, 1994, S. 146.
103 auch eine Technik der „stress inoculation" mit dem Namen „flooding".
104 Salmon, 1990, S. 6.
105 In großen Zeitabständen gesammelte Erfahrung führt auch zu einer solchen Angstzunahme: dies nennt man den „incubation effect": Lehrer, 1987a, S. 149; Lehrer, 1995, S. 151.
106 Rötter, 2000.
107 z.B.: Brotons, 1994.

Reaktionen („the alarm reaction") auslösen: der konkrete Auslöser muß
nicht identifizierbar sein, um das Individuum unter Druck zu setzen[108].
Also gibt es durchaus Gründe, jenseits von somatischen, kognitiven und
verhaltensbedingten Ursachen, andere – wenig faßbare und meßbare – beitragende Faktoren des Phänomens zu suchen. Daher gehört eine gesonderte
Besprechung dieser vierten Komponente „Emotionen" zu dieser Übersicht
der Forschung und folgt im nächsten Hauptkapitel.

Abbildung 4 – „Angst nährt Angst"

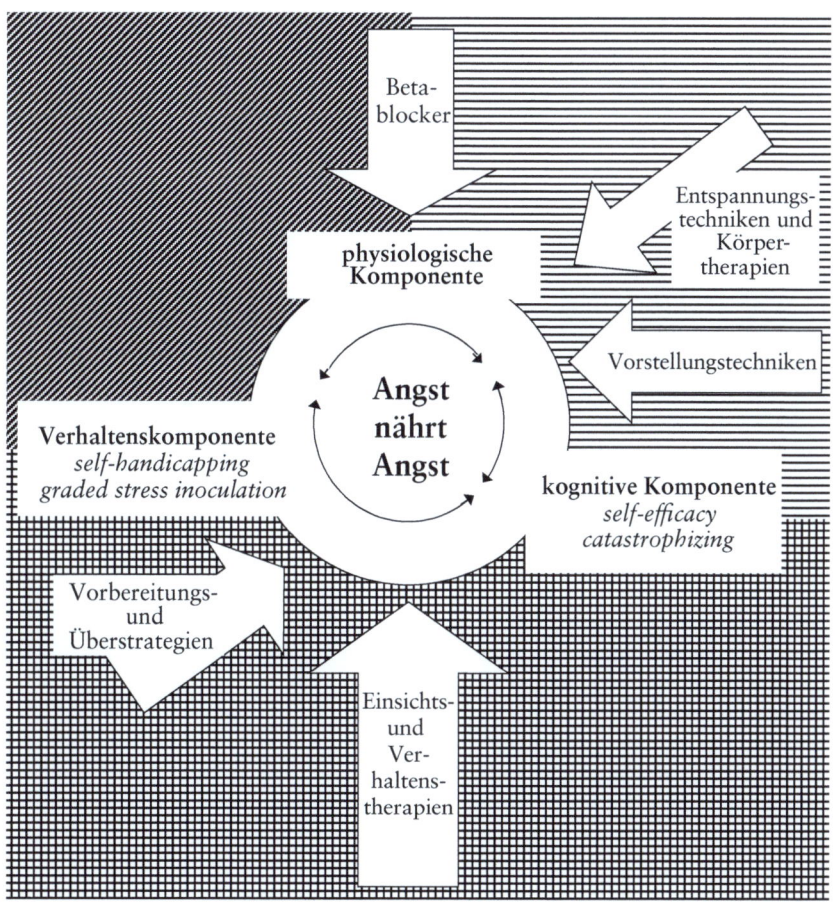

V. Emotionen – die vierte Komponente

Ein Musiker hat soeben einen Auftritt absolviert und trifft auf gute Freunde hinter der Bühne. Sie erzählen ihm, wie ihnen das Konzert als Ganzes gefallen hat, sprechen von ihren musikalischen Eindrücken, sagen vielleicht auch etwas über die Resonanz des Publikums. Sie teilen ihm ihre Beobachtungen mit: sie schildern alles, was er vom Podium aus nicht hat wahrnehmen können. Womöglich sprechen sie auch darüber, welchen Eindruck seine Körperhaltung und Mimik hinterlassen hat, ob er angespannt oder gelassen wirkte. Irgendwann folgt dann die unweigerliche – und spannende – Frage, wie der Musiker sich *fühlte* und fühlt und damit meinen sie seine Emotionen.

Nachdem das Phänomen der Angst bei ausübenden Musikern aus der Sicht der Angstforschung dargestellt wurde, wird jetzt auf die emotionalen Anteile des Lampenfiebers aus psychotherapeutischer Sicht eingegangen.

> No one is born afraid of being seen and heard. Therefore, something must have happened to those of us who suffer from performance anxiety to convince us that being the center of attention would bring us psychological and/or physical pain.[109]

Erfolgsdruck, Selbstzweifel, Scham, Geschwisterkonkurrenz, Angst- und Versagensgedanken … die Psyche des aufführenden Künstlers ist wie eine Zwiebel mit vielen und immer tiefer führenden Schichten. Schon frühe Erfahrungen tragen zur Bildung solcher Schichten bei. In einer Abhandlung über Lampenfieber aus dem Jahr 1916 wird von einem Prozeß gesprochen, in dem Nervosität durch eine stetige und unaufhaltsame Anhäufung von negativen Erfahrungen und Gedanken entsteht.[110] Ebenso glauben moderne Wissenschaftler, daß, obwohl „trait anxiety" eine möglicherweise angeborene Prädisposition ist, sie auf jeden Fall durch die Erfahrungen der Kindheit geprägt wird[111]. Psychologische Therapeuten betrachten daher den Patienten nicht völlig isoliert – weder von seiner Umwelt noch von seiner Erfahrungswelt einschließlich seiner Vergangenheit.

---

109   Ashley, 1996, S. 52.
110   Hunt, 1916, S. 30.
111   Lehrer, 1984, S. 39.

[Es ...] ist erforderlich, dem Künstler und seiner Kultur, dem familiären Umfeld mit Eltern und Geschwistern und seiner genetisch bedingten Ausstattung Aufmerksamkeit zu schenken.[112]

Aus der therapeutischen Behandlung von Musikern haben Psychiater und Psychologen ihre eigenen Vorstellungen zur Herkunft und zum Hergang der Aufführungsangst entwickelt und mit ihren Recherchen und Fallbeispielen Beiträge zur Lampenfieberforschung beigesteuert. Im Folgenden werden daher zunächst verschiedene Theorien von Sigmund Freud beschrieben, auf deren Basis Analytiker Emotionen, d.h. die Ängste und Konflikte von Musikern, interpretieren. Danach wird auf Fragen der Familienpathologie eingegangen. Den Schluß bildet eine namentliche Übersicht der Persönlichkeitstheoretiker, deren Thesen von Therapeuten herangezogen werden, um ihre unter Lampenfieber leidenden Patienten besser zu verstehen.

1. Prinzipien der Psychoanalyse und Aufführungsangst

Anxiety arises from the inner danger of unacceptable thoughts, feelings, and wishes, which *elicit the expectation of either punishment or loss of love and approval.* [113]

Die psychoanalytische Literatur sieht die Aufführungsangst nicht als ein isoliertes Phänomen, sondern als eine Konstellation aus Geisteshaltung, Charaktereigenschaften und Konflikten des Unterbewußtseins, die unter besonderen Umständen wie Erwartung oder Durchführung eines Konzertes aktiviert werden können[114].

Die psychoanalytischen Aspekte der Podiumsangst werden von Gabriele Hoffmann in vier Gruppen eingeteilt: (a) *Narzißtische Persönlichkeitsproblematik*, in der bevorstehende Auftritte den Spieler in ein Spannungsfeld zwischen dem Wunsch nach narzißtischer Bestätigung und der Gefahr narzißtischer Kränkung versetzen; (b) *Psychoneurotische Konflikte*, bei denen die Ambivalenz zwischen Erfolgswünschen und Scham die entscheidende Rolle spielt; (c) *Zwangsneurotische Muster*, hier drohen extreme Über-Ich-Reaktionen auf das zu erwartende Versagen.; und (d) *Phobischer Modus*, bei dem Angst den Musiker hemmt.[115]

---

112 Plaut, 1998, S. 103.
113 Zerbe, 1990, S. 175.
114 Nagel, 1990, S. 38; auch: Gabbard, 1979 und Plaut, 1990.
115 Hofmann, 2001: Übersicht auf S. 193–195.

Dieser Katalog dient als nützliche Übersicht, denn wenn es um Aufführungsangst geht, sind sich die Analytiker über Symptombild und Ursache nicht einig. Natürlich gibt es reichlich Überschneidungspunkte in den Vorstellungen der Analytiker, aber jeder setzt auf Grund seiner therapeutischen Erfahrung andere Akzente.

Neben Panik sind für Sanford Weisblatt „obsessional rumination, blocking, and depersonalization" bei aufführenden Musikern Anzeichen für unbewußte mentale Aktivität und unbewußte Konflikte[116]. Diese Konflikte, die sich in der Musikerpersönlichkeit als Aufführungsangst manifestieren können, teilt Eric A. Plaut in vier Kategorien ein: „specialness", „exhibitionism", „bodily issues" und „the role of play".[117] Daß diese vier Themengruppen große Teile der freudschen Theorie umfassen soll nicht verwundern. Denn seiner Meinung nach ist das Aufführungsangstsymptom nur die „Spitze des Eisbergs", unter der sich die zu therapierende gesamte Persönlichkeit verbirgt.

Auch für Glen O. Gabbard ist das Thema Lampenfieber ein Schlüssel zur Psyche des Musikers. Er zieht eine Parallele zwischen der Erfahrung, die der Spieler auf der Bühne macht und der Erfahrung, die dieselbe Person als Patient während einer Psychoanalyse sammeln kann. Sowohl das Konzert als auch die Therapiestunde sind ihm zufolge Podien für Projektions- und Übertragungsprozesse:

> Just as the unseen, silent analyst activates a mirror or idealizing transference, so does the dark, dimly seen, silently observing audience. Shame, fear of reprimands, castration, losing bladder control, being devoured by the audience, abandonment, envy of peers – the worst persecutors – being good means that somebody else will be deprived.[118]

Im Gegensatz zu diesem breiten Spektrum an Themen konzentriert sich David Freundlich auf eine primäre Quelle der Angst in seiner Abhandlung über „Narcissism and exhibitionism in the performance of classical music". Danach entspringt Aufführungsangst aus

> conflicts over the infantile needs for exhibitionism, narcissism and omnipotence.[119]

---

116 Weisblatt, 1986, S. 64; ohne „rumination" auch: Kaplan, 1969, S. 65.
117 Plaut, 1990, S. 59.
118 Gabbard, 1983, S. 428.
119 Freundlich, 1968.

In diesen Ausführungen wird deutlich, daß der Umgang mit Exhibitionismus für viele Psychoanalytiker zweifellos im Zentrum der hier angeführten Problematik steht. Auch Karl König sieht Lampenfieber als „Ausdruck mangelhafter Kompetenz im Umgang mit exhibitionistischen Tendenzen gegenüber einer Großgruppe" und zusätzlich als *phobische Arbeitsstörung*. Leon Salzman dagegen, liefert eine Beschreibung, die an die klinische Definition von Sozialphobie erinnert:

> Angst hat man dann nicht vor einer physischen Gefahr, sondern davor, daß man [von kritischen Zuhörern] gedemütigt und ausgelacht werden könnte, oder daß man sich töricht verhalten könnte.[120]

Donald Kaplan fügt einen weiteren Schwerpunkt zu den bisher erwähnten hinzu: die Schuld. Er sieht die Aufführungsangst als Charakteristikum für die „primal anxiety", die archaischen Konflikten entstammt und zu Schuldgefühlen führt.[121] Hierzu ein Auszug aus der Autobiographie des Schauspielers Laurence Olivier:

> I have, in earlier parts of this auto-history, described the devious, weevil-like way that my particular guilt complex works, starting as it did with a superstitious or possibly semi-religious fear that some over-blown claim to pride in myself would be bound to find the punishment that it deserved. Such punishment was now served upon me almost immediately in the form of a terror which was, in fact, nothing other than a merciless attack of stage-fright with all its usual shattering symptoms.[122]

Olivier beschreibt seine Angst mit Worten, die von einem Musiker stammen könnten. Er verwendet Bilder und Begriffe, die, wie man gesehen hat, auch bei der theoretischen Auseinandersetzung der Psychoanalyse mit der Aufführungsangst zu finden sind. Ein Anzeichen dafür, daß diese sonst scheinbar unsichtbaren, unbewußten Konflikte tatsächlich einen Platz im Bewußtsein des Künstlers einnehmen können.

Diese Auszüge aus der psychoanalytischen Literatur verdeutlichen, daß die Arbeiten Sigmund Freuds und seiner Nachfolger ein weit gefächertes Geflecht von theoretischen Ansätzen zum Thema Lampenfieber und Aufführungsangst bieten. Diese Thesen sind wertvolle Werkzeuge im

---

120 König, 1981, S. 162.
121 Kaplan, 1969, S. 66.
122 Olivier, 1982, S. 217.

Repertoire des Analytikers. Sie warten darauf, im Rahmen einer Behandlung angewandt zu werden, mit Einfühlungsvermögen und Verständnis für die Anforderungen und Aufführungsbedingungen des Musikers.

2. Familienpathologie

Es wäre schwierig, das Thema Familienpathologie im Kapitel IV – Symptome und beitragende Faktoren nach der Drei-Komponenten-Theorie – unterzubringen, weil dieses komplexe Gebilde von Ursachen und Symptomen sich nicht in ein solches Schema einordnen läßt. Denn sicherlich entstehen aufgrund von Erfahrungen aus einem pathologischen Familienumfeld sowohl Kognitionen und Verhaltensmuster (Komponenten zwei und drei) als auch andere Begleiterscheinungen, die hier bei den „Emotionen" (Komponente vier) untergebracht werden. Weil die Familienpathologie aber eine wichtige Ergänzung zu den „Prinzipien der Psychoanalyse und Aufführungsangst" bietet, wird sie an dieser Stelle besprochen.

Nachdem Therapeuten, unabhängig von ihrer theoretischen Ausrichtung, sich zunächst mit dem Individuum beschäftigt haben, ziehen sie dann die Persönlichkeitsmerkmale der einzelnen Familienmitglieder und deren Interaktions- und Kommunikationsstile in Betracht. Die Familie als ganzes Beziehungssystem spielt eine wichtige Rolle in der entstehenden Identität des Musikers, seinem Lernverhalten und seiner Fähigkeit mit Erfolg oder Mißerfolg umzugehen, um einige Themenbereiche zu nennen.

Die Forscherin Julie Nagel stellt kausale Beziehungen her[123] zwischen dem Vorhandensein von Lampenfieber (und Perfektionismus) in der Musikerpersönlichkeit auf der einen Seite und einer psychisch ungesunden Familie auf der anderen. Familien werden anhand von vier Kriterien als „pathologisch" eingestuft: (1) heftiger Streit in der Familie; (2) fehlende Kommunikation zwischen Familienmitgliedern; (3) die Eltern vernachlässigen die Kinder; *und/oder* (4) explosive zwischenmenschliche Interaktionen in der Familie.

Auch Joyce Ashley sieht starke Korrelationen zwischen Familienpathologie und Aufführungsangst, die sie einer hohen Panikstufe gleichsetzt. Allerdings hat sie zum Teil andere Merkmale der Familienpathologie identifiziert.

---

123   nach Erik Eriksons Konzept der „ego identity", erweitert durch James Marcia: Nagel, 1988.

In den Lebensgeschichten ihrer Patienten, die unter Lampenfieber leiden, wurde in der therapeutischen Arbeit[124] von Familien berichtet, in denen

- Eltern Kindheitstraumata durch den körperlichen und/oder seelischen Mißbrauch ihrer Kinder verursachen
- chronisch depressive Mütter ihren Kindern keine stabile emotionale Basis bieten können
- Elternteile selbst neurotische Angst vor einer negativen Beurteilung anderer haben. Durch Perfektionismus und ein übermäßiges Maß an Kontrolle *innerhalb* der Familie versuchen sie eine solche Bewertung *von außen* zu verhindern.
- Elternpaare zwar liebevoll miteinander umgehen, dennoch nicht zueinander passen. Diese Kinder sind in einem System gefangen:

> Some had been pulled between loving but poorly matched parents, unconsciously assuming responsibility for the emptiness in Mom or Dad. These people had become the carriers of their parents' unlived lives, unconsciously rejecting their own truth in trying to fulfill their parents' dreams.[125]

In Anbetracht dieser ganzen Familientragik bewertet Ashley das Auftreten der Aufführungsangstsymptomatik dennoch als positiv für den Betroffenen. Dadurch, daß er mit seinen früheren Erfahrungen und unbewußten Konflikten konfrontiert wird, erhält er die Chance, sich mit ihnen auseinanderzusetzen.

Nach diesem theoretischen Exkurs soll darauf hingewiesen werden, daß weitere Forschungsarbeiten zum Thema „Familienpathologie" im Kapitel VI – Untersuchungen – erwähnt werden[126]. Diese Studien beschäftigten sich mit den obigen Thesen aber u. a. auch mit dem erzieherischen Stil der Eltern und dessen Einfluß auf die Musikerpersönlichkeit ihrer Kinder. Es gibt also viele Hinweise darauf, daß sowohl in der psychotherapeutischen Praxis als auch bei den Experimenten, die interfamiliären Beziehungen als

---

124 die von den Gedanken Carl Gustav Jungs beeinflußt wird: Ashley, 1996.
125 Ashley, ebenda, S. 23–24.
126 Butler, 1995; Davidson und Borthwick, 2002; Kemp, 1994; Nagel, 1988; Nichols, 1995.

beitragende Faktoren anzusehen sind, die unter bestimmten Umständen Menschen für Aufführungsprobleme prädisponieren.

In Zusammenhang mit der Familie soll hier ein letztes Thema Gegenstand einer kurzen Betrachtung sein: Konflikte, die durch Lob, „praise" oder „positive evaluative feedback", entstehen. Da Feedback sowohl für den beruflichen Erfolg als auch für das Selbstwertgefühl eines Musikers eine wichtige Rolle spielt, sind die folgenden Überlegungen bedeutend zur vollständigen Erfassung der Aufführungsangstproblematik.

Die Familiensysteme von Patienten mit „narzißtischen Persönlichkeitsstörungen" und Musikern, die sich über Lampenfieber beklagen, weisen zum Teil die gleichen Merkmale auf: a) fehlende Unterstützung oder Vernachlässigung im Kindesalter; b) mangelndes Einfühlungsvermögen und emotionale Kälte oder Gleichgültigkeit der Eltern; und c) Kinder werden nicht selten mißbraucht oder verlassen. In so einem Umfeld entwerfen Eltern obendrein eine bestimmte Phantasievorstellung von ihrem Kind. Es soll beispielsweise eine spezielle Qualität oder ungewöhnliche Schönheit besitzen. Durch die Glorifizierung dieser vermeintlichen Begabung oder Besonderheit kommt es zu einer partiellen Überbewertung des Kindes innerhalb der Familie. Aufgrund der Projektion unrealistischer Attribute erfährt das Kind zumindest *eine* Form von Aufmerksamkeit der Eltern. Aber es wird Schwierigkeiten haben, diese Anerkennung emotional einzuordnen. In Abwesenheit emotionaler Wärme ist Lob, das wegen einer Leistung erteilt wird, nicht mit bedingungsloser Liebe gleichzusetzen, die das Kind braucht, um ein stabiles Selbstwertgefühl zu entwickeln. Durch diese Anerkennung wird dem Kind vermittelt: nur bei Erfolg wirst Du geliebt. Nicht nur in der Kindheit, sondern auch im Erwachsenenalter wirkt dann die Aussicht auf ein mögliches Versagen – d. h. wenn Erfolg nicht sicher ist – sehr bedrohlich.

Es ist nicht schwer, diese Erkenntnisse auf Musiker – zumindest theoretisch – zu übertragen. Ein Künstler mit einer solchen Familienpathologie, mag bewußt oder unbewußt zu „self-handicapping" Strategien greifen, um die Angst vor einer schlechten Leistung zu unterdrücken. Außerdem läuft er Gefahr, als Folge seiner Versagensangst Opfer von weiteren Lampenfiebersymptomen zu werden.

Aber nicht nur für Menschen aus schwierigen oder gar pathologischen Familien kann der Umgang mit positiv wertendem Feedback („positive evaluative feedback", auch „positive reinforcement" oder „praise, kudos, rewards") problematisch sein. Der obige Fall ist nur *ein* Beispiel für Erfahrungen mit Lob, die in der Kindheit gesammelt werden und die Grundlage für zukünftige Konflikte bereiten können.[127]

Ungünstig auf die sich entwickelnde Persönlichkeit können irreführendes, nicht berechenbares oder willkürlich erteiltes oder auch überschwängliches positives Feedback wirken.[128] In einigen Familien erfährt das Kind selten Bestätigung oder wird belohnt nach nicht nachvollziehbaren Prinzipien. Bei anderen Familien liegt das Problem in der Übertreibung: das Kind wird regelmäßig und zu oft gelobt, ziemlich unabhängig von der eigenen Leistung. Unter beiden Bedingungen – bei der unregelmäßigen und bei der ständigen Verteilung von positivem Feedback – kann das Kind weder seine eigenen Stärken und Schwächen erfahren noch einschätzen lernen. Dadurch wird es ihm erschwert, eine gesunde Persönlichkeitsstruktur aufzubauen, mit dem notwendigem Selbstwertgefühl, um den Glauben an sich und seinen eigenen Fähigkeiten ("self-efficacy") aufzubauen.

Hier liegen Konflikte, die sicherlich auch werdende Musiker tangieren:

Under the "right" – actually, from the perspective of building a healthy competence image, "wrong" – circumstances, positive evaluative feedback can be threatening, coercive, demeaning, and generally disruptive to an individual's sense of emotional equanimity.[129]

3. Weitere psychologische Ansätze und Persönlichkeitstheorien

Neben diesen ausgesuchten psychoanalytischen Theorien und Überlegungen zu der Rolle der Familiendynamik in der Erfahrung des werdenden Musikers werden viele andere Ansätze zu den Themen Persönlichkeit, Entwicklung der Psyche, Entstehung von Ängsten etc. herangezogen, um Aufführungsangst zu erörtern. Sie spielen sicherlich eine nicht unerhebliche Rolle in der Lösung des Rätsels „Lampenfieber", und auf deren Basis werden viele Schlußfolgerungen von Forschern gezogen. Sie sind jedoch so vielfältig, daß sie sich nicht zusammenfassen oder im Rahmen dieses Literaturberichts im einzelnen ausführen lassen. Sigmund Freud, Erik Erikson, Carl Gustav Jung

---

127 Berglas, 1990.
128 Higgins, 1990, S. 14.
129 Berglas, a.a.O., S. 156.

und Iwan Pawlow wurden in dieser Schrift schon genannt. Die folgende Liste umfaßt (in alphabetischer Reihenfolge) weitere Ärzte, Therapeuten, Psychologen und Theoretiker, deren Arbeiten in die Lampenfieberforschung Eingang gefunden haben und in einigen Schriften des Literaturverzeichnisses besprochen oder erwähnt werden.

Roberto Assagioli: „Psychosynthesis"[130]
Albert Ellis: „Rational Emotive Therapy"[131]
George A. Kelly: „Personal Construct Theory"[132]
Frieda Fromm-Reichmann, Karen Horney und Harry Stack Sullivan („Interpersonal Schools of Psychoanalysis")[133]
Sidney M. Jourard, Abraham Maslow und Carl Rogers („Humanistic psychologists")[134]

4. Zusammenfassung

Inwieweit „Emotionen" als eigenständiger vierter Faktor zu betrachten sind kann hier nicht abschließend diskutiert oder geklärt werden. Daß die Kognitionen und das Verhalten des Musikers stark durch seine Persönlichkeitsstruktur und Erfahrungen geprägt werden, steht aber außer Frage. Schon im Rahmen der Ausführungen über „state-trait anxiety" konnte diese Feststellung gemacht werden. Daher können Untersuchungen über die Charaktereigenschaften des Individuums und die Umstände, in denen der Musiker aufgewachsen ist, zu Hinweisen auf beitragende Faktoren führen, die sonst nicht aufgeschlüsselt werden könnten. Familienpathologie und die Dynamik, die sich in der Familie um das „Lob" entwickelt, sind daher auch wichtige Bestandteile der Lampenfieberforschung. Ohne sie kann kein umfassendes Bild von der emotionalen Basis der Aufführungsangst erstellt werden.

---

130 Triplett, 1983.
131 Nagel, Himle u. a., 1989; Tobacyk und Downs, 1986.
132 Tobacyk und Downs, ebenda.
133 nur Horney: Nichols, 1995; Torney, 1993, alle drei: Zerbe, 1990.
134 Barrell, Medeiros u. a., 1985.

VI. Untersuchungen

1. Begriffsbestimmung „Behavior"

Kein Wort wird in Verbindung mit Lampenfieber und Angst so oft und undifferenziert benutzt wie „behavior". In der für diese Arbeit gesichteten Literatur wurden das Substantiv „behavior" und das Adjektiv „behavioral"[135] in mindestens drei verschiedenen Zusammenhängen gebraucht. Auch auf die Gefahr hin, einen linguistischen Nebenpfad zu betreten, soll hier eine kurze Übersicht der Bedeutungen erfolgen. Denn nur durch eine differenzierte Betrachtung des Wortes läßt sich die oben genannte Beschreibung der Verhaltenskomponente („behavioral component") mit den Symptombeobachtungen und Bewältigungsstrategien und -therapien der folgenden Übersicht der Untersuchungen vereinbaren.

„Behavior" steht meistens für das Verhalten, das aktive Tun eines Menschen, das, was Lang „overt-motor" nannte[136]. Beispiele hierfür wären ein Musiker, der gar nicht erst auftritt[137], oder im Vorfeld eines Konzertes nicht ausreichend übt. Obwohl diese Handlung zeitlich *vor* der Aufführung liegt, ist sie ein fester Bestandteil des Lampenfiebersyndroms. In Verbindung mit der „Drei-Komponenten-Theorie" und der in dieser Arbeit angestrebten Gliederung der Symptombeschreibung wurde das Wort bisher in diesem Sinne gebraucht.

Eine zweite und weit gefaßte Bedeutung des Wortes ist: Verhalten („behavior") ist das, was der Mensch selbst bewirken kann, *ob in seinen Gedanken oder in seinen Aktionen*. Bei der Bezeichnung „Behavioral Therapy" und den beiden Wendungen „cognitive behavior modification" und „behavioral coping strategies" werden Aspekte der Kognition und des Verhaltens zusammengefügt. „Behavioral Therapy" umfaßt folgende Techniken:

---

135 bzw. „behaviour" und „behavioural" im britischen Englisch.
136 Lang, 1968, S. 90.
137 „Flucht": Nideffer und Hessler, 1978, statt „Stand halten und kämpfen".

(a) „Systematic Desensitization" nach Meichenbaum[138], eine allmähliche Steigerung des Angstreizes[139], auch „in vivo" oder „Behavioral Rehearsal"[140] genannt, bei (b) „Flooding" wird die Versuchsperson mit Streß „überschwemmt", die Steigerung davon heißt (c) „Implosion"[141], bei (d) „Cognitive Restructuring" werden die negativen Gedanken durch positive ersetzt[142].

Ein dritter Sinngehalt für das Wort „Behavior" ist jede Antwort auf einen Reiz, d. h. „the elicited response to a stimulus" oder eine „Handlung"[143]. Der Begriff taucht in Zusammenhang mit *allen äußerlich meßbaren* Symptomen des Lampenfiebers auf. Diese werden in vielen Untersuchungen zu zwei Kategorien der „behavioral measures" zusammengefaßt:

(1) eine Einstufung der Aufführungsangst, gemessen an der Anzahl der Fehler[144] auch „performance quality" genannt, d. h., die Beurteilung der Genauigkeit der Töne, Rhythmen und Gedächtnisleistung, der Qualität der Dynamik, Intonation und des Anschlages sowie des Gesamteindrucks des Musizierens; und

(2) sichtbare Anzeichen („observable indications") der Aufführungsangst: (a) Beobachtung physiologischer Symptome (z. B. zittrige Knie, versteifter Nacken, Rücken und Arme sowie Ausdruckslosigkeit des Gesichts) und (b) die Reaktion der Musiker darauf (z. B. das Befeuchten trockener Lippen).[145,146]

---

138 Meichenbaum, 1972.
139 Desberg und Marsh, 1988.
140 Kendrick, Craig u. a., 1982.
141 Bandura, Jeffery u. a., 1974.
142 Caire, 1991; Clark, 1989; Montello, Coons u. a., 1990; Sweeney und Horan, 1982.
143 Michel und Novak, 1994, S. 146.
144 „performance error count": Appel, 1976, S. 5.
145 Craske und Craig, 1984, S. 270; Kendrick, Craig u. a., 1982, S. 355; Lehrer, 1984, S. 38.
146 Eigentlich müßten die unter (2a) genannten Symptome zu den somatischen Auswirkungen des Lampenfiebers und nicht zur Verhaltenskomponente gezählt werden.

Der Musiker beklagt sich in erster Linie jedoch nicht über seine Symptome per se, sondern über ihre oft unberechenbaren Auswirkungen. Für diese erwartet er berechenbare Abhilfe. Der Forscher steht sodann vor dem Problem, zwar viele miteinander verkettete Anzeichen des Lampenfiebers zu erkennen, aber dennoch nicht genau zu wissen, in welcher kausalen Beziehung sie zueinander stehen. Deswegen klaffen die wissenschaftlichen Ansätze weit auseinander. Wo die somatischen Symptome im Vordergrund stehen, wird versucht, mit Betablockern eine Linderung herbeizuführen. Wer die kognitive Komponente ins Visier nimmt, experimentiert mit „systematischer Desensibilisierung" und anderen Methoden wie Einsichtstherapien, um auf die Ängste und Selbstgespräche der Musiker einzuwirken. Wenn die Aufmerksamkeit auf das Verhalten gelenkt wird, müssen u. a. Fragen zur Konzertvorbereitung und „self-handicapping" gestellt werden.[147] Ein Analytiker oder anderer psychologischer Therapeut, der die Aufführungsangst als Symptom von weitergehenden, tiefgreifenden Konflikten und Persönlichkeitsstörungen ansieht, wird womöglich eine eingehende Psychoanalyse oder Gesprächstherapie vorschlagen.

2. Übersicht der Untersuchungen

Wegen der verschiedenen Facetten des Phänomens erlagen viele Forscher der Versuchung, gleichzeitig mehrere Aspekte des Themas innerhalb *eines* Experiments zu untersuchen. Außerdem wurden nicht immer dieselben Methoden benutzt, um dieselben Symptome zu messen. Daher ist es nicht möglich, die einzelnen Forschungsprojekte streng nach den Komponenten Physiologie, Kognition, Verhalten und Emotionen zu trennen, und der Vergleich der Studien wird dadurch erschwert, daß abhängige und unabhängige Variablen verschieden gewählt wurden und zwischen Einzel- und Wechselwirkung nicht unterschieden werden kann. Aber grob lassen sich die Untersuchungen in einige große methodische Kategorien aufteilen:

A. **Fallstudien** – klinische Beobachtungen
B. **Statistische Erhebungen** – Untersuchungen bei denen Fragebögen und Interviews benutzt wurden:

---

147 In der Abbildung 4 auf Seite 45 wurden diese Anhaltspunkte bereits einer der jeweiligen drei Komponenten zugeordnet.

• zur Feststellung der Häufigkeit des Lampenfiebers
• zum Erkennen von Korrelationen verschiedener Faktoren

C. **Experimente** – mit und ohne therapeutische Anwendungen oder pharmazeutische Interventionen, unter Verwendung drei verschiedener Instrumentarien: (a) „Self-reports" (Inventare, Fragebögen), wie bei den statistischen Erhebungen verwandt, (b) Messungen der somatischen Symptome und (c) Beurteilung des Verhaltens der Probanden durch einen oder mehrere Forscher bzw. Musikexperten.

So kann zumindest ein Überblick über die bisherigen Arbeiten auf diesem Gebiet gewonnen werden. Wenn im Lauf einer Untersuchung mehr als eine dieser Methoden angewandt wurde, wird sie auch hier mehrfach erwähnt.

Diese Einordnung der Untersuchungen erfolgte nach experimenteller Methode, weil darin der „kleinste gemeinsame Nenner" gefunden wurde. Sie gibt eine Antwort auf die Frage des Wie bevor die Frage nach dem Was beantwortet wird. Die Tabelle 2 auf den nächsten Seiten ist eine Gesamtübersicht der in der Literatur vorgeschlagenen Therapien und Bewältigungsstrategien für Lampenfieber und Aufführungsangst, mit Ausnahme der Betablocker, die gesondert behandelt werden. Um diese therapeutischen Angebote zu ordnen, wurde eine grobe Unterteilung vorgenommen in: Entspannungstechniken, Körpertherapien, Vorstellungstechniken, Einsichts- und Verhaltenstherapien sowie Übestrategien. Allerdings sind die Übergänge dieser Kategorien fließend. Unter den Therapeuten herrscht beispielsweise keine Einigkeit darüber, ob eine bestimmte Methode eher dem Körper oder dem Geist dient.

Diese Liste enthält nur Vorschläge *der Therapeuten* bzw. Forscher. Bewältigungsstrategien, die Musiker *selber* wählen, sind (u. a.):

(1) „Zauberrituale" (mit Aberglauben Angst abwehrende Strategien): Bricard und Woods, 1978; Gabbard, 1981
(2) Diät: Rejto, 1987; Robson, Davidson u. a., 1995
(3) Psychopharmaka und Alkohol

Nicht jede der Therapien bzw. Strategien in der Tabelle 2 war Bestandteil einer gesonderten Untersuchung, aber alle wurden im Rahmen des Diskurses um Aufführungsangst erwähnt.

Tabelle 2 – Therapien / Bewältigungsstrategien

Relaxation Therapies (Entspannungstechniken)	
Autogenic Training	Lehrer, 1984; Lehrer, 1995; Sataloff, Rosen u.a., 1999
Biofeedback	Lehrer, 1984; Lehrer, 1995; Nagel, Himle u.a., 1989; Nideffer und Hessler, 1978; Niemann, Pratt u.a., 1993; Sataloff, Rosen u.a., 1999; Steptoe, 1982
Breathing Exercises	Gabbard, 1981; Lehrer, 1984; Ostwald, Baron u.a., 1994
Cue-controlled Relaxation	Sweeney und Horan, 1982
Hypnosis	Bricard und Woods, 1978; Caire, 1991; Ostwald, Baron u.a., 1994; Stanton, 1994
Massage/ Vibrotactile Therapy	Brodsky und Sloboda, 1997; Madsen, Standley u.a., 1991
Progressive Relaxation	Lehrer, 1995; Wolfe, 1989
Quieting Response, Transcendental Meditation, Yoga	Lehrer, 1995
Somatic Therapies (Körpertherapien)	
Aerobics	Torney, 1993
Alexander Technique	Lehrer, 1995; Torney, 1993; Valentine, Fitzgerald u. a., 1995
Feldenkrais Method	Welbel, 1998
Tai chi	Lehrer, 1995
Imagination Techniques (Vorstellungstechniken)	
Choreographed Rehearsal/ Performance	Torney, 1993
Creative Visualization*	Hanley, 1984; Sataloff, Rosen u.a., 1999; Whitaker und Tanner, 1987
Guided Imagery	Croom-Hatch, 1992; Esplen und Hodnett, 1999; Stanton, 1994

Imagination Techniques (Vorstellungstechniken), Fortsetzung	
Mental Rehearsal	Allman, 1992; Begley, 2000; Garfield und Bennett, 1984; Mackinnon, 1926; Nagel, 1985; Robson, Davidson u. a., 1995; Stanton, 1994; Weinberg, 1981
Thought-Field Therapy	Sataloff, Rosen u. a., 1999
Psychological and Behavioral Interventions (Einsichts- und Verhaltenstherapien)	
Assertiveness Training	Lehrer, 1984
Group Music Therapy	Montello, Coons u. a., 1990
Psychotherapy	Ashley, 1996; Fogle, 1982; Gabbard, 1981; Kanefield, 1990 Auch: EMDR – Eye Movement Desensitization and Reprocessing: Sataloff, Rosen u. a., 1999
Psychoanalysis	Ferenczi, 1926; Flugel, 1938; Freundlich, 1968; Gabbard, 1979; Gabbard, 1981; Gabbard, 1983; Kaplan, 1969; Nass, 1971; Plaut, 1990; Safirstein, 1962; Weisblatt, 1986
Behavior Therapy *Stress Inoculation* *Cognitive Restructuring* *Cognitive Behavioral Therapy* *Behavioral Rehearsal*	Desberg und Marsh, 1988; Niemann, Pratt u. a., 1993; Sweeney und Horan, 1982; Wardle, 1969 Sweeney und Horan, 1982 Craske und Rachman, 1987 Kendrick, Craig u. a., 1982
Practice Strategies (Übestrategien)	
Music Analysis	Appel, 1976; Sweeney und Horan, 1982

Anmerkungen:

a) *Hanley bot „creative imagery" zusammen mit Hypnose an: Hanley, 1984.

b) Keine Studie benutzte „NLP – Neuro-Linguistic Programming", obwohl es diese Technik seit Mitte der 70er Jahre gibt und sie auch bei Musikern angewandt wird.

A. Fallstudien

Klinische Psychologen sehen es als ihre Aufgabe an, „wenige Patienten intensiv zu studieren"[148]. Oft können sie nur eine sehr begrenzte Zahl von Einzelpatienten behandeln. Daher muß die Frage gestellt werden, inwieweit Informationen über den Therapieverlauf und experimentelle Beobachtungen eines *einzelnen* Falls auf andere Fälle übertragbar sind, zumal es sich in den folgenden Studien nicht um Stichproben im wissenschaftlichen Sinn handelt, sondern um ausgesuchte Beispiele.

Fallstudien („Case Studies")

Davidson und Borthwick, 2002; Flugel, 1938; Fogle, 1982; Nagel, 1993; Nichols, 1995; Norton, MacLean u. a., 1978; Plaut, 1990; Safirstein, 1962; Smith und Zawadski, 1951; Stanton, 1993

Bis auf eine Ausnahme[149] haben die vorliegenden Artikel eines gemeinsam: hier geht es um Fälle, bei denen die jeweilige Therapie zum Erfolg führte – zumindest aus der Sicht der Beteiligten. Die Erwartungshaltung des Therapeuten und des Patienten, Hoffnung und Glauben in die gewählte Therapie, die Wirkung der therapeutischen Aufmerksamkeit[150] sowie der Effekt des „Iatroplacebogenesis" – ein Experiment wird genau die Resultate hervorrufen, die der Experimentierende erwartet[151] – können nicht ausgeschlossen werden. Diese Variablen spielen in solchen Studien eine nicht zu unterschätzende Rolle.

Außerdem wurden in den vorliegenden Fällen keine objektiven Messungen der Erregung des autonomen Nervensystems durchgeführt, weder vorher noch nachher. Das positive Ergebnis der Therapie wurde alleine auf Grund der Patienten- und Therapeutenaussage bewertet, es gab keine Quelle der Objektivität außerhalb dieser Beziehung. Vielleicht am wichtigsten: das eigentliche Thema, die Leistung des Klienten bei der Musikaufführung, wurde auch nicht beurteilt.

---

148 Lehrer, 1984, S. 33.
149 in dieser Fallstudie wurde beobachtet, nicht therapiert: Davidson und Borthwick, 2002.
150 „attention placebo": Frank, 1978, S. 16–17.
151 Shapiro und Morris, 1971, S. 388.

Aus den vorliegenden Gründen, werden diese Berichte wegen ihrer geringen Aussagekraft für die Allgemeinheit hier nicht eingehend besprochen.

B. Statistische Erhebungen

Im größten Teil der Untersuchungen wurden schriftliche Angaben („pen und pencil tests") von den Probanden gefordert. Die Testgruppen wurden zum Teil in Gegenwart der Forscher, zum Teil aber auch nur per Post aufgefordert, diese Fragebögen („questionnaires") auszufüllen. Danach erfolgte deren statistische Auswertung.

Studien zur Feststellung der Häufigkeit des Lampenfiebers

Barrell, Medeiros u.a., 1985; Clark und Agras, 1991; Cooper und Wills, 1989; Dews und Williams, 1989; Fishbein, Middlestadt u.a., 1988; Haider und Groll-Knapp, 1981; Kemenade, Son u.a., 1995; Nagel, 1988; Niemann, Pratt u.a., 1993; Raeburn, 1987; Steptoe, 1989; Steptoe und Fidler, 1987; Wolfe, 1990a; Ziporyn, 1984

Die Feststellung der *Häufigkeit* des Lampenfiebers erfolgte in diesen Erhebungen aufgrund von Selbstbeobachtung (Introspektion, „self-report"). Nur wer eine bestimmte Anzahl von Symptomen als „Lampenfieber" oder „Aufführungsangst" wahrgenommen hatte – und dazu bereit war, dies zu erkennen und *zu melden* wurde zu den Betroffenen gezählt. Diese Bereitschaft mag verschiedene Gründe haben, sowohl berufliche als auch private.

Alice Brandfonbrener sprach mit einem professionellen Orchestermusiker, der die Befürchtung äußerte, sein Arbeitgeber könne von seinen Antworten erfahren, weswegen er nicht geneigt war, die Wahrheit über seine Empfindungen preiszugeben.[152] Andere Musiker glauben, daß eine Therapie ihre Kreativität beeinflussen oder gar mindern könne.[153] Die geringe Bereitschaft mitzuwirken könnte allerdings bedeuten, daß die eigene Angst unter einem Mantel des Schweigens Namen „Berufsgeheimnis" – und auch vor sich selbst – versteckt wird.

---

152 Ziporyn, 1984, S. 985.
153 Plaut, 1990, S. 62.

Durch differierende Erhebungsmethoden, Arten der Fragestellung und Qualität der Antworten ergeben diese Umfragen sehr unterschiedliche Bilder. Die aus diesen Studien resultierende Statistik zur Häufigkeit des Lampenfiebers lag zwischen 25% und 50%, wobei hier drei Faktoren auf die Ergebnisse Einfluß nahmen:

(a) **ungleiche Gruppen der Versuchspersonen** (professionelle Musiker, Musikhochschulstudenten, Musikpädagogen *und/oder* Laienmusiker)

(b) **unklare Definitionen** von Lampenfieber (ab einer jeweils unterschiedlichen Anzahl von Symptomen und/oder einem Angstniveau galt das Vorhandensein von Lampenfieber als gegeben

(c) die schon beschriebene **mangelnde Bereitschaft** innerhalb der Testgruppe, z. B. Orchester, Auskunft zu geben

Manchmal fielen die Rückgabequoten[154] extrem aus: die Bandbreite reichte von der geringen Quote 21.1%[155] bis zu den ausnahmsweise sehr hohen Zahlen Steptoes – bei drei Testgruppen antworteten 87% der professionellen Musiker, 73% der Mitglieder eines Laienorchesters und 100% der Musikstudenten[156].

Bei diesen Erhebungen wurde aber *nicht nur* nach der Existenz der Aufführungsangst gefragt, sondern auch nach einer großen Anzahl anderer Faktoren, die sich gar nicht summieren lassen. Allerdings sollen hier einige wichtige Beispiele Auskunft über Symptome, Verhalten und Persönlichkeit der Musiker und Musikstudenten geben und die Schwierigkeit eines Vergleichs andeuten:

• Nur 25.1% der befragten professionellen Musiker schickten die Fragebögen zurück. Von diesen kannten 58.7% Lampenfieber aus ihrer eigenen Erfahrung, 5% berichteten von *Erwartungsangst* Monate vor einem Auftritt: Kemenade, Son u. a., 1995.

• Über 60% der Musikstudenten berichteten von moderaten bis deutlichen Beeinträchtigungen durch Aufführungsangst, 50% der ganzen

---

154 Niedrige Rückgabequoten gab es bei einmaligen Erhebungen, zum Beispiel: Cox und Kenardy, 1993: 53.3%; Lehrer, Goldman u. a., 1990: 25.4%; Wolfe, 1989: 51.5%; Wolfe, 1990b: 31.6%.

155 Niemann, Pratt u. a., 1993.

156 Steptoe, 1989; Steptoe und Fidler, 1987.

Testgruppe benutzten psychisch ausgerichtete Angst reduzierende Strategien (66,5% hatten auf die Umfrage reagiert: Wesner, Noyes u. a., 1990).

- Von 55% der „International Conference of Symphony and Opera Musicians" (ICSOM) Musiker, die auf den Fragebogen reagierten, nahmen 27% Betablocker ein, obwohl „nur" 25% Aufführungsangst als eine schwerwiegende Störung in ihrem Leben erlebten: Fishbein, Middlestadt u. a., 1988.

- Von 25 „full-time" professionellen Musikern, die unter Lampenfieber litten, haben nach ihren eigenen Angaben 10 (67%) Betablocker eingenommen: Clark und Agras, 1991.

- 72% der befragten Musikstudenten würden das Vorhandensein eines Spezialtherapeuten für Aufführungsangst begrüßen, 63% würden sogar einen solchen aufsuchen: Dews und Williams, 1989.

- In einer Gruppe von Rockmusikern gaben 80% an, regelmäßig Alkohol zu trinken, 20% tranken zu oft, 30% nahmen täglich Drogen, 50% gelegentlich Drogen, 20% waren dabei, eine Entziehungskur zu machen, aber nur 5% von einer Gruppe von Blues-Musikern berichteten von Lampenfieber: Raeburn, 2000.

- 84% (162 von 193) der professionellen und Laienmusiker gaben als Antwort auf Fragen zu der Benutzung von Bewältigungsstrategien an, daß sie eine oder mehrere Strategien verwenden würden: bei 63% waren diese „emotion-focused" (z. B. positives Denken, Atemübungen), bei 37% eher „problem-focused" (z. B.: ausreichende Vorbereitung): Wolfe, 1990a.

- Lederman verschickte 1.245 Fragebögen und fand die 30% (380) Rückgabequote nicht ausreichend, um Aussagen über die Probleme der ausübenden Musiker machen zu können: Ziporyn, 1984.

In einer großen Anzahl von Studien wurden die statistischen Erhebungen und Persönlichkeits-Inventare (siehe die folgenden Tabellen 3 und 4) vor allem benutzt, um Korrelationen zwischen Charaktereigenschaften und Angst zu erkennen und einzuschätzen. In einigen Fällen wurde anstatt der Schriftform ein persönliches Interview vorgezogen, um Fragen zu erörtern[157].

---

157   siehe Tabelle 3 – Übersicht der statistischen Instrumente, „Andere Erhebungen".

Nicht nur die schiere Zahl der benutzten Inventare beeindruckt; ein Blick auf die Titel veranschaulicht das Problem, Daten zu vergleichen, die nach den verschiedensten Gesichtspunkten gesammelt wurden. Zum Beispiel:

- Positive Korrelationen wurden festgestellt zwischen Aufführungsangst und Gesellschaftsphobie (Cox und Kenardy, 1993), und Narzißmus (Montello, Coons u. a., 1990), und auditiver Persönlichkeit (Brodsky, Sloboda u. a., 1994), und „trait anxiety" (Craske und Craig, 1984), und wirklichkeitsfremdem Denken (Tobacyk und Downs, 1986) und Perfektionismus (Mor, Day u. a., 1995), und Familienpathologie (p<0.08: Nagel, 1988).

- In Steptoes Erhebung ergab sich eine starke Korrelation zwischen Aufführungsangst und Neurosis bei den professionellen Musikern (r= 0.702, P<0.001) sowie zwischen „catastrophizing" (Durchschnitt r=0.614) bei allen drei Testgruppen. Professionellen Musikern, Laienmusikern und Musikstudenten: Steptoe, 1989; Steptoe und Fidler, 1987.

- 79% der Befragten waren davon überzeugt, daß ihre eigene Einschätzung den Aufführungserfolg oder -mißerfolg beeinflußt (Dews und Williams, 1989) – ein deutlicher Hinweis auf den „self-efficacy" Effekt.

Tabelle 3 – Übersicht der statistischen Instrumente

STAI / SSAI

Am häufigsten Verwendung fand das „Spielberger Trait Anxiety Inventory" und/oder „Spielberg State Anxiety Inventory" (STAI / SSAI, auch TAI und SAI genannt). Die Verläßlichkeit („reliability") dieser Fragenkataloge gilt als unumstritten: Brodsky und Sloboda, 1997; Brodsky, Sloboda u. a., 1994; Brotons, 1994; Clark und Agras, 1991; Cox und Kenardy, 1993; Craske und Craig, 1984; Esplen und Hodnett, 1999; Hamann, 1982; Kendrick, Craig u. a., 1982; Lehrer, Goldman u. a., 1990; Montello, Coons u. a., 1990; Nagel, Himle u. a., 1989; Niemann, Pratt u. a., 1993; Steptoe und Fidler, 1987; Tobacyk und Downs, 1986.

SCL-90

> In zwei Studien wurde ein zweiter standardisierter Fragebogen („standard psychological instrument") der psychologischen Persönlichkeitsbewertung eingesetzt, the „Symptom Check List, Self-Report Symptom Inventory SLC-90", kurz SCL-90, um Musiker mit ambulanten Psychiatriepatienten zu vergleichen: Cohen und Kupersmith, 1986; um aufführende Künstler in zwei amerikanischen Bundesstaaten zu vergleichen: Miller und Kupersmith, 1990.

Andere Erhebungen

> Eine Anzahl von verschiedenen Persönlichkeits-Inventaren (Tabelle 4) wurde benutzt, deren Fragen jeweils dem Themengebiet des Forschers angepaßt waren. Bei drei Untersuchungen wurde ein Fragebogen extra für die jeweilige Studie entworfen: Dews und Williams, 1989; LeBlanc, Jin u.a., 1997; Wesner, Noyes u.a., 1990. Bei Nagel, 1988 wurde das „Identity Status Interview" verbal durchgeführt; Kurzinterviews: Butler, 1995 „Structured Clinical Interview for DSM-III-R" (SCID): Clark und Agras, 1991; nach Streßfaktoren gefragt: Cooper und Wills, 1989; „Identity Status Interview": Nagel, 1988; Interview im Rahmen eines Gruppengesprächs: Barrell, Medeiros u.a., 1985.

Tabelle 4 – Persönlichkeits-Inventare

- Achievement Anxiety Test Scale (AATS) modifiziert für Musik: Sweeney und Horan, 1982
- Adaptive Anxiety Scale (AAS)/ Maladaptive Anxiety Scale (MAS): Wolfe, 1989
- Appraisal of Music Performer's Stress (AMPS): Brodsky und Sloboda, 1997
- Burns Anxiety Inventory (BAI): Salmon, Schrodt u.a., 1989
- Butler Musical Obsession Questionnaire: Butler, 1995
- Cattell's Personality Inventories – Personality Factor Questionnaire (16PF) und High School Personality Questionnaire (HSPQ): Kemp, 1994
- Coded Primary Questionnaire (ohne weitere Angaben): Butler, 1995
- Color-Word Test (CWT) nach Stroop: Rife, Lapidus u.a., 2000
- Expectations of Personal Efficacy Scale (EPES): Kendrick, Craig u.a., 1982

- Eysenck Personality Inventory (EPI): Cooper und Wills, 1989; Steptoe und Fidler, 1987; Valentine, Fitzgerald u. a., 1995
- Fear Survey Thema „catastrophizing": Steptoe und Fidler, 1987
- Group Embedded Figures Test (GEFT): Rife, Lapidus u. a., 2000
- Keele Assessment of Auditory Style (KAAS): Brodsky, Sloboda u. a., 1994
- Irrational Belief Questionnaire (IBQ): Tobacyk und Downs, 1986
- Linear Analog Self-Assessment Scale (LASA): Esplen und Hodnett, 1999
- Maslach Burnout Inventory (MBI): Brodsky und Sloboda, 1997
- Millon Behavioral Health Inventory (MBHI): Bejjani und Snow, 1990
- Modified Threat Index (mTI): Tobacyk und Downs, 1986
- Multidimensional Perfectionism Scale (MPS): Mor, Day u. a., 1995
- Musical Obsession Questionnaire: Butler, 1995
- Music Performance Anxiety Questionnaire (MPAQ): Lehrer, Goldman u. a., 1990; Rife, Lapidus u. a., 2000
- Musical Performance Anxiety Self-Statement Scale (MPASS): Valentine, Fitzgerald u. a., 1995
- Music Performance Stress Survey (MPSS) Section 11, früher Performance Anxiety Inventory (PAI): Brodsky und Sloboda, 1997
- Nowlis Mood Adjective Checklist: Valentine, Fitzgerald u. a., 1995
- Performance Anxiety Inventory (PAI): Nagel, Himle u. a., 1989; Stanton, 1994; Valentine, Fitzgerald u. a., 1995
- Performance Anxiety Self-Statement Scale (PASSS): Kendrick, Craig u. a., 1982
- Performance Anxiety Questionnaire (PAQ) genannt: Brodsky, Sloboda u. a., 1994; Cox und Kenardy, 1993
- Performance Questionnaire-Wesner (PQ-W): Rife, Lapidus u. a., 2000; Wesner, Noyes u. a., 1990
- Performing Musician Coping Inventory (PMCI): Wolfe, 1990b
- Personal Performance Anxiety Report: LeBlanc, Jin u. a., 1997
- Personal Report of Confidence as a Performer Scale (PRCP): Appel, 1976; Clark und Agras, 1991; Craske und Craig, 1984; Fredrikson und Gunnarsson, 1992; Montello, Coons u. a., 1990
- Piano Performance Anxiety Scale (PPAS): Sweeney und Horan, 1982; Wolfe, 1989; für andere Instrumente und Stimme adaptiert: Wolfe, 1990b
- Profile of Mood States (POMS): Bejjani und Snow, 1990; Brodsky und Sloboda, 1997
- Rational Behavior Inventory (RBI): Nagel, Himle u. a., 1989

- Self-Statement Questionnaire: Steptoe und Fidler, 1987
- Social Phobia and Anxiety Inventory (SPAI): Cox und Kenardy, 1993
- State-Trait Personality Inventory (STPI): Hamann, 1982
- Subject Units of Distress Scale (SUDS): Craske und Craig, 1984
- Subjective Stress Scale (SSS): Kendrick, Craig u. a., 1982
- Test of Attentional and Interpersonal Style (TAIS): Nideffer und Hessler, 1978
- Thomas and Dusynski's Family Attitude Questionnaire: Butler, 1995
- Trait Anxiety Scale (TAS): Niemann, Pratt u. a., 1993; Wolfe, 1990b

C. Experimente

Die experimentellen Untersuchungen können in drei Kategorien unterteilt werden:

Pharmazeutische Interventionen

Brantigan, Brantigan u. a., 1979; Brantigan, Brantigan u. a., 1982; Clark und Agras, 1991; Fredrikson und Gunnarsson, 1992; Gates, Johnson u. a., 1985; Gates und Montalbo, 1987; James, Griffith u. a., 1977; James, Pearson u. a., 1978; James und Savage, 1984; Lidén und Gottfriess, 1974; Neftel, Adler u. a., 1982; Nubé, 1994

Therapeutische Anwendungen inkl. kognitive Therapie und Verhaltenstherapie

Appel, 1976; Brodsky und Sloboda, 1997; Clark und Agras, 1991; Esplen und Hodnett, 1999; Kendrick, Craig u. a., 1982; Madsen, Standley u. a., 1991; Montello, Coons u. a., 1990; Nagel, Himle u. a., 1989; Niemann, Pratt u. a., 1993; Stanton, 1994; Sweeney und Horan, 1982; Valentine, Fitzgerald u. a., 1995; Wardle, 1969.

Persönlichkeitsstudien und Beobachtungen

Abel und Larkin, 1990; Bejjani und Snow, 1990; Cox und Kenardy, 1993; Craske und Craig, 1984; Dews und Williams, 1989; Haider und Groll-Knapp, 1981; Hamann und Sobaje, 1983; LeBlanc, Jin u. a., 1997; Lehrer, Goldman u. a., 1990; Salmon, Schrodt u. a., 1989; Steptoe und Fidler, 1987; Tobacyk und Downs, 1986; Wolfe, 1990a; Wolfe, 1990b.

Bei fast allen Experimenten wurde versucht, Anzeichen der drei Komponenten zu beobachten und zu beurteilen und zwar hauptsächlich durch Messungen der *Herzrate*, Abfragen von „*self-reports*" und Beobachtungen vom *Verhalten* der Testpersonen.[158] Unumstritten und weit verbreitet als Indikator für physiologische Erregung ist das Messen der *Herzrate*. Bei allen Experimenten, bei denen Betablocker oder Hormone verabreicht wurden, wurde die Herzfrequenz gemessen. Auch in anderen Experimenten[159] wurden Dateien zur Herzfrequenz gesammelt.

Für die kognitive Komponente wurden überwiegend die unter Punkt 2. beschriebenen Erhebungen (Tabellen 3 und 4) benutzt, um die Gedanken und Gefühle der Versuchspersonen zu ermitteln. Bei einigen Experimenten wurden diese Befragungen im Lauf der Testperiode sogar mehrmals durchgeführt. Zunächst wurden Fragebögen vor Beginn der Intervention benutzt, um Probanden auszuwählen oder einzuschätzen und eine Basis für etwaige Veränderungen nach der Therapie festzulegen. Dann wurden sie zwischen Therapiebeginn und einer abschließenden Musikaufführung eingesetzt. Nach dem Vorspiel wurden sie schließlich für die retrospektive Beurteilung der Auftrittserfahrung verwendet, um den Erfolg oder Mißerfolg der jeweiligen therapeutischen Interventionen zu bewerten. In allen Fällen ging es um einen „*self-report*", d. h. um die subjektive Wahrnehmung der Testperson. (Diese Problematik wurde bereits auf S. 64–65 erwähnt).

Unter der Rubrik der Verhaltenskomponente wurden zwei völlig konträre Dinge beurteilt: „performance quality" und „behavior".[160] Im allgemeinen

---

158 Gesellschaftspolitische- und Umwelteinflüsse waren auch Bestandteil einiger Experimente (ökonomische Stresse: Cooper und Wills, 1989; schädliche Arbeitsbedingungen wie Klima und akustische Verhältnisse vor Ort, Zustand des Instruments usw.: Haider und Groll-Knapp, 1981; „occupational stress": Raeburn, 1987; Machtlosigkeit gegenüber dem Dirigenten: Steptoe, 1989).

159 Brotons, 1994; Craske und Craig, 1984; auch Urinprobe: Fredrikson und Gunnarsson, 1992; zusammen mit EEG: Haider und Groll-Knapp, 1981; mit EKG: Kendrick, Craig u. a., 1982; LeBlanc, Jin u. a., 1997; Sweeney und Horan, 1982; Valentine, Fitzgerald u. a., 1995; Wardle, 1969.

160 siehe Erläuterung ab S. 57.

wurde die Aufführungsqualität an der Zahl hörbarer Fehler gemessen (falsche Töne, Intonierungsschwierigkeiten etc.). Unter Aufführungsverhalten verstand man sichtbare Anzeichen der Nervosität (Kopfschütteln, sich auf die Lippen beißen[161], sich die Hände reiben, am Pult oder Klavierhocker mehrmals die Höhe verstellen u.v.a.). Bei der Beurteilung der Aufführungsqualität und der Beurteilung des Benehmens des Musikers auf der Bühne wurde *Verhalten* als Reizantwort, d. h. als Ergebnis, als Anzeichen des Erfolgs oder Mißerfolgs der Therapie oder Intervention verstanden.

Der Versuch der Autorin, hier aus ca. 50 Experimenten einige prägnante Schlußfolgerungen über fast eben so viele Therapien und Bewältigungsstrategien zu ziehen, gleicht einer Sisyphusarbeit, zumal die Auswertung der Untersuchungen oft zu wünschen übrig ließ, d. h. die statistische Relevanz müßte im einzelnen geprüft werden. Sich widersprechende Resultate waren auch nicht selten, insbesondere bei den Betablockeruntersuchungen.

Es war notwendig diese Informationsflut zu ordnen. Auf der Grundlage der drei Komponenten, in Zusammenhang mit der Spirale „Angst nährt Angst", wurde der zusammenfassende Überblick in Form einer graphischen Darstellung am Anfang dieses Teils, Abbildung 4, Seite 45 erstellt. Dort wurde versucht, den fließenden Übergängen der Komponenten und den unterschiedlichen therapeutischen Ansätzen Rechnung zu tragen.

Nach der bereits erfolgten Vorstellung der Experimente mit ihren unterschiedlichen Thesen, Methoden und Formen der Auswertung ist nachzuvollziehen, daß sich die Ergebnisse dieser Experimente leider nicht so zusammenfügen lassen, daß am Ende feststehende, wissenschaftlich bewiesene Tatsachen heraus kommen. Anstelle dessen erfolgt hier eine *Auswahl der Ergebnisse*, die auch dazu dienen soll, einige Stichwörter der Abbildung 4 inhaltlich auszufüllen, und wichtige Themen und Theorien zusammenzutragen:

---

161 Sweeney und Horan, 1982.

a. Veränderungen nach Einnahme von Betablockern
b. Einwirkung der Therapien auf die Kognition und das Verhalten allgemein
c. Einfluß des Angsthemmsystems

a. Veränderungen nach Einnahme von Betablockern

Bei allen Betablocker Untersuchungen an Musikern wurde eine signifikante Reduzierung der Herzrate nach Einnahme der Medizin, auch in der Aufführungssituation, festgestellt. Auch eine verminderte Störung des Spielers durch physiologische Symptome[162] ist unumstritten. Betablocker sind aber nicht „anxiolytic", sie haben keinen Einfluß auf die Psyche, auf die Angstwahrnehmung[163]. Abgesehen davon, daß Besserung auch nach der Einnahme von Placebos gemeldet wurde, konnte nur selten eine *eindeutig* positive Wirkung bzw. überhaupt eine bemerkenswerte Wirkung[164] der Betablocker auf die Aufführungsqualität festgestellt werden.

Für Betablocker spricht zwar, daß sie bei einigen Musikern „state anxiety" beeinflussen. Auf „trait anxiety" sowie Erwartungsangst jedoch zeigen sie keine Wirkung. In Bezug auf die im Teil III besprochene Leistungskurve, wäre zu bedenken, daß Betablocker möglicherweise gleichermaßen „hemmende Angst" und „fördernde Angst" verhindern. Unzweifelhaft können Betablocker denjenigen helfen, bei denen die physiologischen Auswirkungen der Erregung eine besonders starke Beeinträchtigung des Spiels zu Folge haben. Auch kann der Einsatz von Betablockern, vorsichtig und unter therapeutischer Aufsicht eingenommen, helfen den Kreislauf „Angst nährt Angst" zu durchbrechen.

Neben diesen wenigen positiven Auswirkungen fallen insbesondere aber die negativen Nebenwirkungen von Betablockern ins Gewicht. Als solche treten vor allem vorübergehende Störungen und schwerwiegende Eingriffe in die physische und psychische Gesundheit des Musikers auf. Rhythmische und dynamische Störungen (z. B. verminderte Kontrolle über Tempo und monotone

---

162 „preventing or decreasing the unwanted peripheral somatic side effects caused by anxiety and stress": Nubé, 1991, S. 65.
163 Beruhigungsmittel und Antidepressiva wirken „anxiolytic", d. h. sie reduzieren Angst: Brandfonbrener, 1990b, S. 25, z. B. Diazepam (Valium) reduzierte Angst: Tyrer und Lader, 1974, S. 16; siehe auch: James und Savage, 1984; Sataloff, Rosen u. a., 1999.
164 Gates und Montalbo, 1987, S. 105.

Dynamik, Verzögerungen und fehlende Intensität), Desinteresse und Indifferenz, Depression, Sexualdysfunktion sogar *Suizid* wurden nach Einnahme von Betablockern gemeldet[165]. Grund genug, gegen einen weitverbreiteten Einsatz – vor allem durch Selbstverabreichung dieser Medikamente – zu plädieren.

Fragen zur Wahrnehmung und Kognition, zu motorischen Bewegungen und zu Verhalten sowie zu kommunikativen und emotionalen Aspekten der Musik, d. h. zu ihrer Interpretation, wurden selten gestellt und nicht übereinstimmend beantwortet.

b. Einwirkung der Therapien auf die Kognition und das Verhalten allgemein

Musiker, die ein hohes Maß an Aufführungsangst aufweisen, spielen besser vor[166]. Dieses verblüffende Ergebnis untermauert die Theorie der „facilitating anxiety", und spricht *gegen* die Angst reduzierenden Strategien. Bei Anfängern wurde zwar kein positiver Angsteffekt registriert, aber für diejenigen mit mehr als sechs Jahren Unterricht, *förderte* Angst die Leistung[167]. Wenn Musiker mit hoher „task mastery" schwierige Werke aufführen, berichten sie von weniger Nervosität und leisten mehr[168].

Über alle Differenzen hinweg wurde eine Tendenz sichtbar: Probanden beurteilten die kognitiven und verhaltensbezogenen Interventionen als nützlich für sich[169]. Besonders geschätzt wurden Strategien, bei denen Musiker gelernt hatten, „self thoughts" positiv zu gestalten. Diese kognitiven Therapien hatten keine Wirkung auf die Herzfrequenz, obwohl sie manchmal zu einer Minderung der subjektiven Angst führten und sich dadurch die Aufführungsqualität besserte.[170]

Subjektive (positive) Veränderungen des Selbstbewußtseins und eine Reduzierung der „trait anxiety" zeigten Versuchspersonen auch nach Gruppenmusiktherapie[171]. Hypnose und eine Einführung in Bewältigungsstrategien

---

165 James und Savage, 1984; Lehrer, Rosen u. a., 1987b; Nubé, 1994.
166 Craske und Craig, 1984; Fredrikson und Gunnarsson, 1992.
167 Hamann, 1985a; Hamann und Sobaje, 1983.
168 Appel, 1976.
169 Brodsky und Sloboda, 1997, S. 27; Niemann, Pratt u. a., 1993, S. 13.
170 Clark und Agras, 1991, S. 598; Kendrick, Craig u. a., 1982, S. 360.
171 Montello, Coons u. a., 1990.

allgemein führte ebenfalls zu mehr Zuversicht, d. h. höhere „self-efficacy"[172]. In einer häufig zitierten (auch falsch zitierten) Studie über die Anwendung der Alexander Technik[173] berichteten Probanden nach der Therapie zwar von weniger Angst, jedoch gab es unter dem Streß der Aufführung weder meßbare Verbesserungen des Lampenfiebers, noch physiologische Unterschiede zu der Kontrollgruppe.

c. Einfluß des Angsthemmsystems

Die Bemühungen, Fallschirmspringerexperimente mit Musikern zu wiederholen, wurden bisher nicht mit Meßgeräten durchgeführt, da u. a. argumentiert wird, daß die Geräte die Musiker stören und zu viel Aufmerksamkeit für die Angst eine Angstzunahme zur Folge hätte. Allerdings gab es einige Experimente, die anstelle von Meßgeräten mittels Fragebögen und Selbstbeurteilung durchgeführt wurden.

Es wird von einer Studie mit erwachsenen Musikern berichtet[174], bei der die Verleugnung der nervösen Erregung einiger Musiker beobachtet wurde („paralyzing anticipatory anxiety"), bei anderen wiederum, die sich auf den „arousal" vorbereitet hatten, fand eine Umwandlung der Erregung in „facilitating preparatory anxiety" statt. In einem anderen Fall wurden erfahrene Musikhochschulstudenten mit unerfahrenen Lehramtsstudenten des Faches Musik verglichen[175]. Hier konnte – wie bei den Fallschirmspringern – eine „differenzierte Form der Angsthemmung", d. h. die Vorverlegung des Angsthöhepunktes bei „erfahrenen" Musikern beobachtet werden.

Der klinische Psychologe und Angstforscher Paul Salmon sammelte Daten über emotionale, kognitive und physiologische Reizantworten mittels Fragebögen[176]. Danach trennte er seine Versuchspersonen in zwei Kategorien, (a) diejenigen, deren Angst und somatische Erregung *vor* dem Auftritt gipfelten, und (b) diejenigen, die ihren Angsthöhepunkt während des Spiels erlebten. Bei einem Vergleich dieser Gruppen stellte sich heraus, daß sie sich durch zwei weitere Merkmale voneinander unterschieden. Erstens:

---

172 Stanton, 1994.
173 Valentine, Fitzgerald u. a., 1995.
174 ohne weitere Quellenangabe bei: Nichols, 1995, S. 38.
175 Rötter, 2000.
176 Salmon, Schrodt u. a., 1989.

Gruppe (a) hatte ihren ersten öffentlichen Auftritt in einem früheren Alter als Gruppe (b) erlebt; und zweitens, die Summe der Bewertung aller Angstmessungen (einen Tag vorher, eine Stunde vorher und während des Auftritts) war höher bei der Gruppe (b). Salmons Gruppen (a) und (b) sind daher in einigen Punkten mit den Gruppen der unerfahrenen und erfahrenen Fallschirmspringer vergleichbar und die Auswertung seiner Ergebnisse scheinen die Theorien von Epstein und Fenz zu bestätigen.

Salmon vermochte aber dennoch nicht zu sagen, ob die Instrumentalisierung der Erwartungsangst („facilitating anticipatory anxiety") und Vorverlagerung des Gipfels der Aufführungsangst eine Folge der Erfahrung und des Lernens ist, oder eine angeborene und in der Persönlichkeit anzusiedelnde („trait-based") *Angstresistenz* des Spielers[177] widerspiegelt:

> Seasoned performers experience feelings of apprehension and worry just like novices. They may differ either in the intensity with which these cues are experienced, or in the degree to which they can utilize them effectively to promote systematic performance preparation.[178]

Auch bei zwei weiteren Forschungsprojekten wurden Übereinstimmungen im Ergebnis mit den Fallschirmspringer Untersuchungen gesehen. Im ersten wurde festgestellt, daß unmittelbar *vor* der Aufführung der Pegel der „state anxiety" der Musiker fiel[179]. Im zweiten wurde festgestellt, daß erfahrene Musiker nicht nur weniger aufgeregt waren als unerfahrene, sondern auch, daß ihr Angsthöhepunkt bei der Generalprobe und nicht bei der Aufführung lag[180].

Bei Fallschirmspringern und Musikern wurde bisher eine Übereinstimmung zwischen der Theorie der Angsthemmung und der Praxis – in der Luft und auf der Bühne – gezeigt. Das Phänomen der Angstvorverlegung müßte mit Musikern ausführlich experimentell untersucht werden. Denn hier zeichnet sich eine gesunde Strategie aus physiologischer Erregung, kognitiver Vorarbeit und Verhalten ab, mit der die Energien der Aufführungsangst positiv eingesetzt werden könnten.

---

177 Wie er die Idee der Angstresistenz als Charaktereigenschaft mit Epsteins Theorie
     vereinbart – darauf ist Salmon nicht weiter eingegangen: ebenda, S. 77.
178 ebenda, S. 80.
179 Esplen und Hodnett, 1999, S. 127.
180 laut Musikeraussage: LeBlanc, Jin u. a., 1997, S. 483.

VII. Kritische Einschätzung der Methoden

The value of science is in the reproducibility of results.[181]

Wie der vorige Teil zeigt, läßt sich die in der Einleitung dieser Arbeit aufgestellte Behauptung halten, nämlich, daß es nicht nur an einer Verifizierung der Forschungsergebnisse durch Wiederholung („reproducibility") mangelt, sondern vor allem auch an einer Vergleichbarkeit der Untersuchungen. Richard Lederman schreibt dazu nicht ohne Ironie: „Wie weit Lampenfieber und Angst bei ausübenden Musikern verbreitet ist, hängt davon ab, wie die Frage gestellt wurde und von wem, wer die Frage beantwortet und in welchem Kontext"[182]. Diese Aussage ist durchaus zutreffend.

In der Tat müssen viele der experimentellen Resultate („results") mit Skepsis betrachtet werden, denn unter die Lupe der Methodik und der statistischen Relevanz genommen, halten ganz wenige von ihnen der Überprüfung stand. Auch bei mehrfachem Einsatz einer bestimmten Therapie beispielsweise, sind Untersuchungen wegen ihrer unterschiedlichen Paradigmen nicht miteinander vergleichbar.

Auf vielen Seiten dieser Schrift wurden während der Beschreibung von Forschungsarbeiten und -ergebnissen ansatzweise methodische Probleme der Untersuchungen schon erwähnt. Um diese zusammenzufassen wurden die folgenden Rubriken gewählt:

1. Testgruppen und experimentelle Bedingungen
2. Subjektivität der „self-report" Erhebungen
3. „Standardized Treatment Delusion" und andere Effekte
4. Mißverständnisse über das Musizieren

1. Testgruppen und experimentelle Bedingungen

Um verläßliche Aussagen über Lampenfieber und Angst bei ausübenden Musikern machen zu können, benötigt man eine repräsentative Testgruppe. Die Zuverlässigkeit der Ergebnisse einer Erhebung oder eines Experiments

---

181 Lehrer, 1984, S. 33.
182 Lederman, 1999, S. 118.

basiert auf der Auswahl dieser Stichproben. Leider wurde das Phänomen überwiegend mit Musikstudenten, manchmal mit Laienmusikern oder Musiklehrern, und nur allzu selten mit professionellen Musikern untersucht. Da sie sich noch in der Ausbildung befinden, verfügen Musikstudenten über weniger Aufführungspraxis als Profis. Außerdem erleben professionelle Musiker zusätzliche Streßfaktoren („stressors"), wie z. B. Sicherheit der Arbeitsstelle und die damit verbundenen existentiellen Ängste, die die Studenten (noch) nicht tangieren.

Noch ein kritischer Aspekt der Probandenauswahl ist, daß bisher nicht erforscht wurde, ob potentielle Musiker ihr Studium wegen unerträglichen Lampenfiebers abgebrochen haben. Außerdem bleiben diejenigen für die Forscher unerreichbar, die ihren Beruf nach wenigen Jahren *aufgrund* ihrer Auftrittsprobleme und -ängste aufgegeben haben. Mitglieder dieser beiden Gruppen können also weder statistisch erfaßt werden noch für Experimente gewonnen werden.

Aus vielen Gründen, die die Rekrutierung und Auswahl der Probanden tangieren, werden den Forschern Kopfschmerzen bereitet. Daher tauchen gelegentlich von ihrer Seite aus Zweifel auf, ob die Ergebnisse ihrer Experimente verläßlich sind. Folgende Beispiele können Auskunft über die Handhabung und Problematik geben:

- Es wurde jede willige Versuchsperson genommen.[183]
- Aus einer Gruppe von Interessierten wurden diejenigen selektiert, die angegeben hatten, sehr stark unter Lampenfieber zu leiden: Kendrick, Craig u. a., 1982; Niemann, Pratt u. a., 1993. In einer anderen Gruppe (James, Griffith u. a., 1977) wurden nur diejenigen ausgewählt, die *nicht* unter Aufführungsangst litten (bei James, Pearson u. a., 1978: durch Zufall).
- Probanden meldeten sich freiwillig auf die Anzeige „ängstliche Musiker gesucht": Montello, Coons u. a., 1990.

Wegen der manchmal auftretenden Schwierigkeit, Probanden für die Forschung zu gewinnen und diese dann während des gesamten Zeitraums auch *zu halten*, standen nicht selten nur kleine Testgruppen zur Verfügung.

---

183 Eine Bewertung der Aufführungsangst der Versuchspersonen hätte vorher stattfinden müssen: Clark, 1989, S. 32.

Am kleinsten waren die der pharmazeutischen Interventionen[184]. Neben der fragwürdigen statistischen Signifikanz solcher Testgrößen[185], ergaben sich manchmal durch Zufall homogene statt heterogene Gruppen: z. B. waren die Testpersonen überwiegend weiblich[186], sie litten an überdurchschnittlich viel Aufführungsangst[187] oder sie waren die besseren Musiker.

Methodisch sehr bedenklich war auch das Fehlen einer Kontrollgruppe in vielen Studien, wodurch einige Resultate möglicherweise durch bloßen Zufall entstehen konnten. Zudem wußten die Versuchspersonen fast immer von den Absichten des Versuchsleiters, was nachweislich gelegentlich auch zu falschen Ergebnissen führen kann[188]. Tatsächlich arbeiteten weder die Versuchsleiter noch die Mitwirkenden, die die musikalische Leistung der Versuchspersonen beurteilen sollten – in zweifach erforderlicher Hinsicht – „blind": entweder *sahen* die Prüfer den Spieler und wurden deswegen durch die Optik beeinflußt, und/ oder sie kannten die Hypothesen der Studie, die es zu untermauern oder widerlegen galt, so daß auch hier die gebotene Neutralität fehlte.[189]

Weiterhin handelt es sich – abgesehen von einigen prägnanten Ausnahmen – bei der Mehrzahl der Untersuchungen um Forschungsprojekte von Diplom-, Magisterkandidaten oder Doktoranden. Daher drängt sich der Verdacht auf, daß man die Testgruppe der Musik*studenten* aus bloßer Bequemlichkeit[190] gewählt hatte. Studenten können leichter als Professionelle für Experimente gewonnen werden und sind zudem über ihre Ausbildungsinstitution in der Datenverarbeitung schon erfaßt: dies ist auf jeden Fall eine Erleichterung der Arbeit und erspart die aufwendige Suche nach geeigneteren Testpersonen.

---

184   5 Pianisten: Nubé, 1994; Gruppengröße 9: Tobacyk und Downs, 1986; bzw. 10: Wardle, 1969.
185   Clark und Agras, 1991, S. 605; Gates, Johnson u. a., 1985, S. 574.
186   Wardle, 1969.
187   Abel und Larkin, 1990.
188   „Hawthorn-Effekt" oder „hawthornsche Fehlerquelle": Clauss, 1995, S. 190.
189   Spannendes Ergebnis einer Untersuchung: bei blinder Beurteilung (d. h. die Probanden waren nicht zu sehen) bekamen die „anxious" Musiker die besten Noten, bei einer Benotung vis-à-vis bekamen sie die schlechtesten: Fredrikson und Gunnarsson, 1992, S. 58.
190   „convenience sample": Raeburn, 2000, S. 6.

Sofern eine Wirkung der therapeutischen Anwendung ausblieb wurde der enge Zeitrahmen der Experimente dafür verantwortlich gemacht[191]. In der Tat wurden in fast allen Untersuchungen die Versuchspersonen nur selten über mehrere Monate hinweg begleitet, in noch weniger Fällen wurde nach Abschluß des Experiments noch einmal getestet, um die Dauerhaftigkeit[192] zu überprüfen. Auch die Wiederkehr der Angst („return of fear") hätte nachkontrolliert werden müsen[193], um brauchbare Ergebnisse zu liefern.

Obwohl versucht wurde, die künstlichen Bedingungen des jeweiligen Experiments so real wie möglich zu gestalten, kann z. B. der psychische Druck eines Vorspielens vor fünf Forschern nicht dem Druck eines Konzerts vor mehreren hundert Zuhörern gleichen[194]. An dieser Stelle werden erneut Grenzen der Verläßlichkeit der oben genannten Studien sichtbar.

Um realitätsbezogene Ergebnisse zu erzielen, müßte daher verstärkt mit professionellen Künstlern und echten („in vivo") Aufführungssituationen experimentiert werden. Bei der Auswahl einer Stichprobe von Musikern müßte darauf geachtet werden, daß Versuchspersonen mit verschiedenen Formen der Angst gleich verteilt sind: einige, die durch das Lampenfieber schwer beeinträchtigt sind, andere, die mit ihrer Aufführungsangst zurecht kommen sowie wieder andere, die behaupten, das Phänomen nicht zu erleben.

2. Subjektivität der „self-report"-Erhebungen

Fast ausnahmslos erfolgte die Datenerhebung über Frequenz und Heftigkeit von Störungen, die man der Aufführungsangst zugeschrieben hat, mittels einer Selbstbeobachtung („self-report"). Hinter dieser Herangehensweise verbergen sich zwei große methodische Probleme:

(1) Mangels anderer Möglichkeiten (gleichzeitig musizieren und Fragen beantworten ist ausgeschlossen) war man gezwungen, *retrospektive* Erhebungen durchzuführen. Das heißt, die Angaben sind nicht nur

---

191   Valentine, Fitzgerald u. a., 1995.
192   „durability of effects": Lehrer, 1984, S. 41.
193   Craske und Rachman, 1987; Sartory, Rachman u. a., 1982.
194   Brantigan, Brantigan u. a., 1979.

subjektiv, sondern auch von der Gedächtnisleistung des Probanden abhängig, die natürlich auch einer bewußten oder unbewußten selektiven Auswahl (z. B. Verdrängung) unterworfen ist.

(2) Informationen, die ausschließlich, überwiegend oder zumindest zum Teil auf „self-statements" basierten, sind daher nur bedingt glaubhaft. Ausführliche Untersuchungen zur Schlangenphobie zeigen, daß die Vorhersagbarkeit des Menschenverhaltens nicht allein auf Selbstaussagen basieren kann195. Diese Feststellung kann ohne weiteres auf die Aufführungsangst übertragen werden.196 Wie Steptoe sagt:

> [...] such reports do not accurately reflect people's behaviour during performance.[197]

3. „Standardized Treatment Delusion" und andere Effekte

„Die Einnahme von Betablockern mit unterschiedlichen Wirksubstanzen, die nicht einheitliche Dosierung sowie Abweichungen im Testverfahren stifteten Verwirrung. „Es ist vielleicht unmöglich, eindeutige Schlüsse zu ziehen", schreibt Jacqueline Nubé[198] am Ende ihrer Übersicht der Betablockerforschung. Darin wurde eindeutig festgestellt, daß sogar *gleichnamige* Behandlungen sehr weit divergieren. Insbesondere bei der Anwendung von der „systematischen Desensibilisierung" muß auch von der „standardized treatment delusion"[199] gesprochen werden.

In Untersuchungen, bei denen die Behandlung aus einer Mischung mehrerer therapeutischer Anwendungen bestand, konnten, wie schon erwähnt, sowohl Einzelwirkungen als auch Wechselwirkungen auftreten – nur wird niemand diese differenzieren können. Beispielsweise wurde bei der Anwendung kognitiver Therapien auch eine Einführung in das Thema Aufführungsangst angeboten. Einige Ergebnisse sprechen dafür, daß das

---

195 Lehrer, 1987a, S. 144.
196 Insbesondere bei Umfragen, die über den Postweg durchgeführt wurden, weiß man nicht, ob Versuchspersonen über ihre wirklichen Gedanken und Gefühle berichteten: Wolfe, 1989, S. 54.
197 Steptoe und Fidler, 1987, S. 241.
198 Einen präzisen Vergleich der bisherigen Betablockeruntersuchungen bietet: Nubé, 1991, S. 67.
199 Horan, 1980, S. 7.

Bewußtsein oder die Aufmerksamkeit für Lampenfieber an sich „geholfen" haben könnte.[200]

Neben anderen bekannten Placeboeffekten müßten auch Lerneffekte berücksichtigt werden: in einigen Fällen tauchten über *alle* Testgruppen hinweg (d. h. auch in der Kontrollgruppe, falls vorhanden) erhöhte Leistungen am zweiten Tag auf, worin ein möglicher Beweis für das Lernen[201] gesehen werden kann. Ein letzter, aber sicher nicht unwichtiger Effekt, sei hier noch erwähnt: der Symptomersatz[202]. Inwieweit die vorgeschlagenen Therapien und Bewältigungsstrategien für Lampenfieber eine Symptomverlagerung (z. B. das Auftreten eines anderen physiologischen oder psychischen Problems[203]) verursachen, wurde nicht geprüft. Auch hierfür wäre es notwendig, die vorgestellten Thesen der „vierten Komponente" in Verbindung mit den Untersuchungsergebnissen zu betrachten. Gegebenenfalls müßten Fragestellung und Methoden der Experimente erweitert werden, um den Faktor „Emotionen" zu berücksichtigen.

4. Mißverständnisse über das Musizieren

A major league ballplayer with a .300 batting average may be a star; however, no audience would tolerate a musician who missed 7 out of every 10 notes. Probably no other profession involves the combination of these particular stress factors.[204]

Das Publikum erwartet eine gewisse Perfektion vom ausübenden Musiker; der Perfektionsanspruch des Musikers an sich selber aber wird als Anzeichen einer Neurose gesehen[205]. Dieses Paradox soll nur als ein Beispiel dafür dienen, daß die Komplexität des Problems Lampenfieber eine besondere Betrachtung verlangt.

---

200 z. B. nach den Erkenntnissen Schachters und Singers wäre Versuchspersonen schon geholfen, wenn sie ihre Symptome besser einordnen könnten: Schachter und Singer, 1962.

201 James, Pearson u. a., 1978, S. 327; Lehrer, Rosen u. a., 1987b, S. 32.

202 „symptom substitution": Sataloff, Rosen u. a., 1999, S. 125.

203 Korrelationen zwischen Aufführungsangst und dem „overuse" Syndrom sind bekannt: Clark, 1989, S. 33; Lockwood, 1989, S. 222.

204 Sternbach, 1993, S. 284.

205 „socially prescribed perfectionism": Mor, Day u. a., 1995, S. 208; Hewitt, Mittelstaedt u. a., 1990, S. 68.

Über technische Vollkommenheit hinaus werden vom Musiker Kreativität, emotionale Intensität sowie Aussage- und Risikobereitschaft verlangt – die Qualitäten, die unter dem Begriff „Musikalität" zusammengefaßt werden. In den Untersuchungen kamen diese und viele andere Aspekte des Musizierens gar nicht oder nur am Rande vor. Zur Schwäche der bisher angewandten Methoden zählt, daß Leistung nur an technischer Perfektion gemessen und Angst einer Fehlerzahl gleichgestellt wurde.

Um wirklich verläßliche Aussagen über die Auswirkungen von Lampenfieber und Aufführungsangst zu machen, dürften nicht nur die Pseudo-Effekte[206] aus dem obigen Punkt 3 betrachtet werden. Außer ihnen müssen auch andere Elemente des Künstlerdaseins in Betracht gezogen werden. Hier dürften z. B. Persönlichkeit, Familienpathologie, positives Feedback, sowie soziale und finanzielle Aspekte der Musikerrealität (Arbeitsbedingungen u. a.) nicht fehlen.

Professionelle Musiker verfügen über jahrzehntelange Erfahrung mit ihrem Instrument, mit dem Üben und der Aufführungssituation. Es ist daher stark zu bezweifeln, daß sie innerhalb von wenigen Wochen neue Techniken so lernen und beherrschen können, daß sie nie wieder zu alten Verhaltens- oder Denkmustern zurückkehren. Ohne langfristig angelegte Studien, bleiben die Resultate der Experimente *Tendenzen* und können keine statistisch relevanten Tatsachen darstellen.

Eine weitere Schwachstelle der hier vorgestellten Experimente ist, daß die Versuchsleiter keinen Überblick darüber hatten, wie musikalisch und virtuos die von ihnen untersuchten Musiker waren und ob sie sich ausreichend vorbereiteten. Nicht nur im Hinblick auf „task-mastery" und „self-handicapping" wären diese Informationen von entscheidender Bedeutung.

---

206 Michel und Novak, 1994, S. 100; auch „non-specifics of treatment": Lehrer, 1984, S. 41.

Außerdem wurde die provokante Theorie der „interference and deficit models of test anxiety"[207] im Bezug auf Musiker nicht überprüft. Die Frage, ob Angst bei der Wiedergabe des Gelernten stört[208], oder ob unter Angst unzureichende Vorbereitung (und das damit verbundene schlechte Gewissen) offenbart wird[209], blieb somit außer Betracht.

---

207 Tobias, 1985, S. 135.
208 Unter Musikpädagogen bekannt als „aber ich konnte es doch besser zu Hause" – zugleich der Titel eines Buches (mit zwei Cassetten dazu) über Lampenfieber: Whitaker und Tanner, 1987.
209 Im Rahmen dieser Frage könnte die Vermutung bestätigt oder verneint werden, ob fähige Musiker, die mit ihrer Aufführungsangst nicht zurecht kommen, den Beruf aufgeben: Brantigan, Brantigan u.a., 1982, S. 91.

VIII. Zusammenfassung und Empfehlungen für zukünftige Forschung

Stage fright, like epilepsy, is a divine ailment, a sacred madness.[210]

Am Ende dieser umfassenden Übersicht angekommen, nach der Darstellung von Definitionen, Theorien und Untersuchungen zum Thema Lampenfieber und Angst, bietet das Ergebnis dieser Arbeit ein komplexes Bild von Begriffen, Symptomen, Behandlungsansätzen und Bewältigungsvorschlägen.

Warum die Informationen auf den vorigen Seiten einzelne Puzzlesteine und kein zufriedenstellendes Ganzes ergeben, liegt nach Meinung der Verfasserin an verschiedenen Faktoren. Die genannten methodischen Mängel der Experimente führen dazu, daß die Resultate wenig Aussagekraft haben. Außerdem versäumte die Wissenschaft, sich mit den dargestellten wichtigen Thesen unter Einbeziehung der Besonderheiten des Musizierens und des Musikerberufs zu befassen. Nicht zuletzt fehlt eine ganz entscheidende Tatsache: Unterstützung.

Dieser prekäre Zustand der Ungewißheit würde in der Lampenfieberforschung nicht herrschen, wenn die Musik und der Musiker in der Gesellschaft einen anderen Stellenwert besäßen. Beim Versagen eines Berufspiloten am Steuer eines Linienflugzeuges wird das Leben von Hunderten aufs Spiel gesetzt – darum wird in diesem Feld geforscht, um Unfälle zu verhindern. Im Sportbereich kann das schlechte Abschneiden eines einzelnen Athleten die ganze Mannschaft und den Ausgang eines Spieles beeinflussen, oder wie im Falle der Olympischen Spiele gar den Ruf einer Nation mitprägen.

Daher werden Themen der Luftfahrt, Sportmedizin und Sportpsychologie wissenschaftlich begleitet, mit dem Ziel, die Verläßlichkeit der Höchstleistung zu maximieren. Im Gegensatz dazu führt die unbefriedigende Leistung eines Musikers selten zu finanziellen Schäden anderer und stellt für die Allgemeinheit auch keine Gefahr dar, so daß Untersuchungen mit Musikern von Staat und Wirtschaft nicht mit demselben Einsatz und Nachdruck unterstützt werden wie andere Berufsgruppen.

---

210 Rosen, 2000, S. 11.

Nachweislich wirksam gegen „trait" und „state" Angst sowie Panik und
für die Konzentration sind homöopathische Mittel, vom klassischen Ho-
möopathen nach einer ausführlichen Anamnese verabreicht. Bisher wurden
aber nur allopathische Medikamente Bestandteil von Lampenfieberexperi-
menten, denn die Pharmaindustrie begrüßt und unterstützt Experimente,
die die Effektivität ihrer Produkte unter Beweis stellt. Außerdem tauchen
Therapien und Heilmethoden, deren Wirkungen auf das allgemeine Wohl
des Patienten ausgerichtet sind, in den Untersuchungen nicht auf, weil sie
nicht isoliert auf Lampenfiebersymptome abzielen. Wer sich durch Umstel-
lung seiner Ernährung sowie Bewegungs- oder Meditationsprogramme[211]
fit gemacht und seine Nerven gestärkt hat, wurde in den vorliegenden Untersuchungen nicht statistisch erfaßt. Diese Beispiele zeigen, daß erst wenn
das Lagerdenken aufgegeben wird und auch homöopathische sowie andere
ganzheitliche Ansätze geprüft werden, ein umfassender Empfehlungskatalog
von Therapien und Bewältigungsstrategien entstehen kann.

Die Forschung hat gezeigt, daß das Phänomen kompliziert und viel-
schichtig ist. „Different strokes for different folks" heißt ein amerikanisches
Sprichwort und ist auch der Titel eines Artikels über Aufführungsangst
von Alice Brandfonbrener[212]. Es wird nie eine „Kur" für das Lampenfieber
aller geben. Jedoch darf das Argument, daß jeder Mensch einzigartig sei,
nicht von Wissenschaftlern als Alibi dazu benutzt werden, sich der Verant-
wortung für die Künstler zu entziehen. Die Forschung schuldet ihnen eine
gründliche Untersuchung der Zusammenhänge der vorgestellten Theorien
„fear feeds fear", „self-efficacy", „self-handicapping", „positive evaluative feedback", „graded stress inoculation" sowie des „labeling of arousal
states"[213]. Allerdings kann dem Musiker mit mehr Wissen über bisherige
Forschungsergebnisse sowie mit differenzierten Hinweisen auf die Palet-
te der möglichen Behandlungsmethoden im Ansatz jetzt schon geholfen
werden.

---

211 z. B. wie Yehudi Menuhin: Menuhin, 1996.
212 Brandfonbrener, 1999.
213 Schachter und Singer, 1962.

Nicht zuletzt muß der Musiker selbst auch seinen eigenen Beitrag leisten.

> Die Relevanz von Aufführungsangst für die Leistungsfähigkeit bei Musikern ist un-
> bestritten. Nach wie vor gehört dieses Phänomen zu den Tabu-Themen unserer Ge-
> sellschaft. Ängste, Schwächen und Niederlagen werden nicht thematisiert [...].[214]

Erst wenn Instrumentalisten und Sänger anfangen, sich diesen Themen zu
stellen, wird Hilfe „von Außen" möglich sein. Im Anschluß an eine Aufführung muß eine Nachuntersuchung stattfinden – eine „black box"-Methode
der wissenschaftlichen Auswertung, wie sie bei Flugzeugunfällen praktiziert wird. Jede Komponente der erlebten Bühnenerfahrung muß unter die
Lupe genommen statt verdrängt werden. Denn die umfassende und ehrliche
Auseinandersetzung des Musikers mit dem eigenen Lampenfieber ist die
notwendige Grundlage für eine erfolgreiche Behandlung.

*   *

*

Der Körper ist erregt, die Gedanken kreisen, der Mensch spürt Angst –
und trotzdem ist er in der Lage, eindrucksvolle Musik zu produzieren.
Zum musikalischen Ergebnis tragen sichtbare und unsichtbare Symptome,
Faktoren der Persönlichkeit, Umwelteinflüsse und nicht zuletzt eine wan-
delbare Materie, die Musik bei – „live" gespielt oder gesungen klingt sie
nie zweimal identisch. Weder ist die „Qualität" einer Aufführung nur aus
klinischer Sicht nach richtigen und falschen Tönen zu beurteilen, noch muß
die Ausdruckskraft, Schönheit oder Präzision des Spiels Aufschluß über
den seelischen und körperlichen Zustand des Musikers geben. Daher wird
wahrscheinlich das Geheimnis des Phänomens „Lampenfieber und Angst
bei ausübenden Musikern" nie ganz zu lüften sein.

---

214 Noll, 2001, S. 211.

IX. Literaturverzeichnis

Ohne eine Beschaffung der Erstquelle wurden in dieser Arbeit keine Angaben aus Artikeln oder Büchern, weder Zitate noch bibliographische Angaben, übernommen. Das hat zur Folge, daß dadurch darin enthaltene Fehler beseitigt werden konnten, z. B. Zahlendreher bei Jahres- oder Seitenzahlen, oder fehlende oder falsche Angaben zu Band- oder Jahrgangsnummern, Erscheinungsort, etc. Es gab auch Quellenangaben, bei denen der Titel der Zeitschrift, oder des Artikels – und/oder der Verfassername nicht stimmten. Noch viel schwerwiegender ist, daß Resultate wiedergegeben wurden, die als eigene *Interpretation der Ergebnisse* hätten dargestellt werden müssen; z. B. in einem Fall wurden gar aus negativen Resultaten plötzlich positive[215].

---

215   Esplen und Hodnett, 1999, S. 127.

Aaron, Stephen (1986). *Stage fright: Its role in acting.* Chicago, University of Chicago Press.

Abel, Jennifer L. und Larkin, Kevin T. (1990). Anticipation of performance among musicians: Physiological arousal, confidence, and state-anxiety. *Psychology of Music* **18**: 171–182.

Allman, William F. (1992). The mental edge. *US News and World Report* **113**(5): 50–56.

Appel, Sylvia S (1976). Modifying solo performance anxiety in adult pianists. *Journal of Music Therapy* **XIII**(1): 2–16.

Arkin, Robert M. und Baumgardner, Ann H. (1985). Self-handicapping. In: *Attribution: Basic issues and applications.* Harvey, John H. und Weary, Gifford (Hrsg.). New York, Academic Press, Inc.: 169–202.

Ashley, Joyce (1996). *Overcoming stage fright in everyday life.* New York, Clarkson Potter Publishers.

Bandura, Albert (1977). Self-efficacy: Toward a unifying theory of behavioral change. *Psychological Review* **84**(2): 191–215.

Bandura, Albert (1982). Self-efficacy mechanism in human agency. *American Psychologist* **37**(2): 122–147.

Bandura, Albert, Jeffery, Robert W. und Wright, Carolyn L. (1974). Efficacy of participant modeling as a function of response induction aids. *Journal of Abnormal Psychology* **83**(1): 56–64.

Barrell, James J., Medeiros, Don, Barrell, Jim E. und Price, Don (1985). The causes and treatment of performance anxiety: An experimental approach. *Journal of Humanistic Psychology* **25**(2): 106–122.

Begley, Sharon (2000). Music on the mind. *Newsweek* **136**(4): 50–52.

Bejjani, F. J. und Snow, Barry S. (1990). Use of mood scores as indices of athletic character and stress reactivity among musicians. *Medical Problems of Performing Artists* **5**(1): 45–48.

Berglas, Steven (1990). Self-handicapping: Etiological and diagnostic considerations. In: *Self-handicapping: The paradox that isn't.* Higgins, Raymond L., Snyder, C. R. und Berglas, Steven (Hrsg.). New York, Plenum Press: 151–186.

Berglas, Steven und Jones, Edward E. (1978). Drug choice as a self-handicapping strategy in response to noncontingent success. *Journal of Personality and Social Psychology* **36**(4): 405–417.

Brandfonbrener, Alice G. (1990b). Beta blockers in the treatment of performance anxiety. *Medical Problems of Performing Artists* 5(1): 23–26.

Brandfonbrener, Alice G. (1999). Performance anxiety: „Different strokes for different folks". *Medical Problems of Performing Artists* 14(3): 101–102.

Brantigan, Charles O., Brantigan, Thomas A. und Joseph, Neil (1979). The effect of beta blockade on stage fright. *Rocky Mountain Medical Journal* 76: 227–233.

Brantigan, Charles O., Brantigan, Thomas A. und Joseph, Neil (1982). Effect of beta blockade and beta simulation on stage fright. *The American Journal of Medicine* 72: 88–94.

Bricard, Nancy und Woods, Sherwyn M. (1978). Memory problems for musical performers. *College Music Symposium* 18(2): 102–109.

Broadhurst, P. L. (1957). Emotionality and the Yerkes-Dodson law. *Journal of Experimental Psychology* 54(5): 345–352.

Brodsky, Warren und Sloboda, John A. (1997). Clinical trial of a music generated vibrotactile therapeutic environment for musicians: Main effects and outcome differences between therapy subgroups. *Journal of Music Therapy* XXXIV(1): 2–32.

Brodsky, Warren, Sloboda, John A. und Waterman, Mitchell G. (1994). An exploratory investigation into auditory style as correlate and predictor of musical performance anxiety. *Medical Problems of Performing Artists* 9(4): 101–112.

Brotons, Melissa (1994). Effects of performing conditions on music performance anxiety and performance quality. *Journal of Music Therapy* XXXI(1): 63–81.

Butler, Catherine (1995). Investigating the effects of stress on the success and failure of music conservatory students. *Medical Problems of Performing Artists* 10(1): 24–31.

Butler, Gillian und Mathews, Andrew (1987). Anticipatory anxiety and risk perception. *Cognitive Therapy and Research* 11(5): 551–565.

Caire, Jill Bond (1991). Understanding and treating performance anxiety from a cognitive-behavior therapy perspective. *National Association of Teachers Singing Journal* Mar/Apr: 27–51.

Clark, Duncan B. (1989). Performance-related medical and psychological disorders in instrumental musicians. *Annals of Behavioral Medicine* **11**(1): 28–34.

Clark, Duncan B. und Agras, W. Stewart (1991). The assessment and treatment of performance anxiety in musicians. *American Journal of Psychiatry* **148**(5): 598–605.

Clauss, Günter (Hrsg.), (1995). *Fachlexikon ABC Psychologie*. Thun, Frankfurt, Verlag Harri Deutsch.

Cohen, Bennett J. und Kupersmith, Judith R. F. (1986). A study of SCL-90 scores of 87 performing artists seeking psychotherapy. *Medical Problems of Performing Artists* **1**(4): 140–142.

Cooper, Cary L. und Wills, Geoffrey I. D. (1989). Popular musicians under pressure. *Psychology of Music* **17**: 22–36.

Cox, Wendy J. und Kenardy, Justin (1993). Performance anxiety, social phobia, and setting effects in instrumental music students. *Journal of Anxiety Disorders* **7**(1): 49–60.

Craske, Michelle G. und Craig, Kenneth D. (1984). Musical performance anxiety: The three-systems model and self-efficacy theory. *Behavior Research and Therapy* **22**(3): 267–280.

Craske, Michelle G. und Rachman, S. J. (1987). Return of fear: Perceived skill and heart-rate responsivity. *British Journal of Clinical Psychology* **26**: 187–199.

Croom-Hatch, Sarah (1992). Continuous audiation for piano performance. *American Music Teacher* **42**(1): 14–17, 72–73.

Davidson, Jane W. und Borthwick, Sophia J. (2002). Family dynamics and family scripts: A case study of musical development. *Psychology of Music* **30**: 121–136.

Dawson, William J., Charness, Michael, Goode, David J., Lederman, Richard J. und Newmark, Jonathan (1998). What's in a name? – Terminologic issues in performing arts medicine. *Medical Problems of Performing Artists* **13**(2): 45–50.

Deri, Otto (1962). Stagefright: Music enemy number one. *Music Journal* **20**(1): 94, 114–115.

Desberg, Peter und Marsh, George D. (1988). *Controlling stagefright: Presenting yourself to audiences from one to one thousand*. Oakland, CA, New Harbinger Publications.

Dews, C. L. Barney und Williams, Martha S. (1989). Student musicians' personality styles, stresses, and coping patterns. *Psychology of Music* 17: 37–47.

Easterbrook, J. A. (1959). The effect of emotion on cue utilisation and the organisation of behavior. *Psychological Review* 66(3): 183–201.

Epstein, Seymour (1983). Natural healing processes of the mind: Graded stress inoculation as an inherent coping mechanism. In: *Stress reduction and prevention*. Meichenbaum, Donald (Hrsg.). New York, Plenum Press: 39–66.

Epstein, Seymour und Fenz, Walter D. (1965). Steepness of approach and avoidance gradients in humans as a function of experience: Theory and experiment. *Journal of Experimental Psychology* 70(1): 1–12.

Esplen, Mary Jane und Hodnett, Ellen (1999). A pilot study investigating student musicians' experiences of guided imagery as a technique to manage performance anxiety. *Medical Problems of Performing Artists* 14(3): 127–132.

Fenz, Walter D. und Epstein, Seymour (1967). Gradients of psychological arousal in parachutists as a function of an approaching jump. *Psychosomatic Medicine* XXIX(1): 33–51.

Ferenczi, Sándor (1926). Stage-fright and narcissistic self-observation. In: *Theory and technique of psychoanalysis*. Rickman, John (Hrsg.). New York, Basic Books, Inc. 2: 421–422.

Fishbein, Martin, Middlestadt, Susan E., Ottati, Victor, Straus, Susan und Ellis, Alan (1988). Medical problems among ICSOM musicians: Overview of a national survey. *Medical Problems of Performing Artists* 3(1): 1–8.

Flugel, J. C. (1938). Stage fright and anal erotism. *British Journal of Medical Psychology* XVII: 189–196.

Fogle, Dale O. (1982). Toward effective treatment for music performance anxiety. *Psychotherapy: Theory, Research and Practice* 19(3): 368–375.

Frank, Jerome D. (1978). Expectation of therapeutic outcome – The placebo effect and the role of induction interview. In: *Effective ingredients of successful psychotherapy*. Frank, Jerome D., Hoehn-Saric, Rudolf, Imber, Stanley D., Lieberman, Bernard L. und Stone, Anthony R. (Hrsg.). New York, Brunner/Mazel: 1–34.

Fredrikson, Mats und Gunnarsson, Robert (1992). Psychobiology of stage fright: The effect of public performance on neuroendocrine cardiovascular and subjective reactions. *Biological Psychology* **33**(1): 51–61.

Freundlich, David (1968). Narcissism and exhibitionism in the performance of classical music. *Psychiatric Quarterly Supplement* **42**: 1–13.

Gabbard, Glen O. (1979). Stage fright. *International Journal of Psycho-Analysis* **60**: 383–392.

Gabbard, Glen O. (1981). Stage fright: Coping methods and formal treatments. *The Piano Quarterly* **114**: 15–20.

Gabbard, Glen O. (1983). Further contributions to the understanding of stage fright: Narcissistic issues. *Journal of the American Psychoanalytic Association* **31**: 423–441.

Garfield, Charles A. und Bennett, Hal Zina (1984). *Peak performance*. Los Angeles, Jeremy P. Tarcher, Inc.

Gates, George A., Johnson, Leonard, Saegert, Joel, Shepherd, Alexander, Wilson, Neil und Hearne, Erwin M. (1985). Effect of ß-blockade on singing performance. *Annals of Otology, Rhinology and Laryngology* **94**(6): 570–574.

Gates, George A. und Montalbo, Phillip J. (1987). The effect of low-dose ß-blockade on performance anxiety in singers. *Journal of Voice* **1**(1): 105–108.

Goleman, Daniel (1997). *Emotionale Intelligenz*. München, Deutscher Taschenbuch Verlag.

Haider, Manfred und Groll-Knapp, Elisabeth (1981). Psychophysiological investigation into the stress experience by musicians in a symphony orchestra. In: *Stress and music: Medical, psychological, sociological, and legal strain factors in a symphony orchestra musician's profession.* Piperek, Maximilian (Hrsg.). Wien, Wilhelm Braumüller: 15–34.

Hall, Jane (1987). After an onstage collapse and a six-year battle with stage fright, Carly Simon braves a comeback. *People* (August 17): 38–40.

Hamann, Donald L. (1982). An assessment of anxiety in instrumental and vocal performances. *Journal of Research in Music Education* **30**(2): 77–90.

Hamann, Donald L. (1985a). The other side of stage fright. *Music Educators Journal* **7**(8): 26–28.

Hamann, Donald L. und Sobaje, Martha (1983). Anxiety and the college musician: A study of performance conditions and subject variables. *Psychology of Music* **11**(1): 37–50.

Hanley, Mary Ann (1984). Creative visualization: Antidote to performance anxiety? *The American Music Teacher* **33**(6): 28–29.

Havas, Kato (1973). *Stage fright: Its causes and cures, with special reference to violin playing.* London, Bosworth & Co. Ltd.

Hemery, David (1986). *Sporting excellence: A study of sport's highest achievers.* Champaign, Illinois, Human Kinetics Books.

Hewitt, Paul L., Mittelstaedt, Walter M. und Flett, Gordon L. (1990). Self-oriented perfectionism and generalized performance importance in depression. *Individual Psychology* **46**(1): 67–73.

Higgins, Raymond L. (1990). Self-handicapping: Historical roots and contemporary branches. In: *Self-handicapping: The paradox that isn't.* Higgins, Raymond L., Snyder, C. R. und Berglas, Steven (Hrsg.). New York, Plenum: 1–35.

Hofmann, Gabriele (2001). Psychoanalytische Aspekte der Podiumsangst. In: *Macht Music wirklich klüger? – Musikalisches Lernen und Transfereffekte.* Gembris, Heiner, Kraemer, Rudolf-Dieter und Maas, Georg (Hrsg.). Augsburg, Wißner. **Band 8:** 189–197.

Horan, John J. (1980). Experimentation in counseling and psychotherapy Part I: New myths about old realities. *Educational Researcher* **9**(11): 5–10.

Hunt, Harry Ernest (1916). *Nerve control: The cure of nervousness and stage fright.* London, William Rider & Son, Ltd.

Ingram, Rick E. und Kendall, Philip C. (1987). The cognitive side of anxiety. *Cognitive therapy and research* **11**(5): 523–536.

James, Ian M., Griffith, D. N. W., Pearson, R. M. und Newbury, Patricia (1977). Effect of oxyprenolol on stage-fright in musicians. *Lancet* **II**(8045): 952–954.

James, Ian M., Pearson, R. M., Griffith, D. N. W., Newbury, Patricia und Taylor, S. H. (1978). Reducing the somatic manifestations of anxiety by beta-blockage – A study of stage fright. *Journal of Psychosomatic Research* **22**: 327–337.

James, Ian M. und Savage, Imogen (1984). Beneficial effect of nadolol on anxiety-induced disturbances of performances in musicians:

A comparison with diazepam and placebo. *American Heart Journal* **108**: 1150–1155.

Jourdain, Robert (1997). *Music, the brain, and ecstasy: How music captures our imagination*. New York, William Morrow and Company, Inc.

Kanefield, Elma L. (1990). Psychological services at The Juilliard School. *Medical Problems of Performing Artists* 5(1): 41–44.

Kaplan, Donald M. (1969). On stage fright. *The Drama Review* **14**(1): 60–83.

Karp, David (1988). Understanding performance anxiety. *Clavier* **27**(1): 16–19.

Kemenade, Johannes F. L. M. van, Son, Maarten J. M. van und Heesch, Nicolette C. A. van (1995). Performance anxiety among professional musicians in symphonic orchestras: A self-report study. *Psychological Reports* **1995**(77): 555–562.

Kemp, Anthony E. (1994). Aspects of upbringing as revealed in the personalities of musicians. *The Quarterly Journal of Music Teaching and Learning* 5(4): 34–41.

Kendrick, Margaret J., Craig, Kenneth D., Lawson, David M. und Davidson, Park O. (1982). Cognitive and behavioral therapy for musical-performance anxiety. *Journal of Consulting and Clinical Psychology* 50(3): 353–362.

Klöppel, Renate (1997). *Die Kunst des Musizierens: Von den physiologischen und psychologischen Grundlagen zur Praxis*. Darmstadt, Wissenschaftliche Buchgesellschaft.

Kochevitsky, George A. (1967). *The art of piano playing: A scientific approach*. Princeton, New Jersey, Summy-Birchard Music.

König, Karl (1981). *Angst und Persönlichkeit: Das Konzept und seine Anwendungen vom steuernden Objekt*. Göttingen, Verlag für Medizinische Psychologie.

Kremer, Gidon (1997). *Kindheitssplitter*. München, Piper.

Lang, Peter J. (1968). Fear reduction and fear behavior: Problems in treating a construct. In: *Research in Psychotherapy*. Shlien, J. (Hrsg.). Washington, A.P.A.: 90–102.

LeBlanc, Albert, Jin, Young Chang, Obert, Mary und Siivola, Carolyn (1997). Effect of audience on music performance anxiety. *Journal of Research in Music Education* 45(3): 480–496.

Lederman, Richard J. (1999). Medical treatment of performance anxiety: A statement in favor. *Medical Problems of Performing Artists* 14(3): 117–121.

LeDoux, Joseph (2001). *Das Netz der Gefühle*. München, Deutscher Taschenbuch Verlag.

Lehrer, Paul M. (1984). *The causes and cures of performance anxiety: A review of the psychological literature.* Tagungsbericht: Biology of music making, Denver, CO, MMB Music Inc.

Lehrer, Paul M. (1987a). A review of the approaches to the management of tension and stage fright in music performance. *Journal of Research in Music Education* 35(3): 143–152.

Lehrer, Paul M. (1995). Performance anxiety and how to control it: A psychologist's perspective. In: *Tensions in the performance of music.* Grindea, Carola (Hrsg.). London, Kahn & Averill: 134–152.

Lehrer, Paul M., Goldman, Nina S. und Strommen, Erik F. (1990). A principal components assessment of performance anxiety among musicians. *Medical Problems of Performing Artists* 5(1): 12–18.

Lehrer, Paul M., Rosen, Raymond, C., Kostis, John B. und Greenfield, Daniel (1987b). Treating stage fright in musicians: The use of beta blockers. *New Jersey Medicine* 84(1): 27–33.

Lidén, Sture und Gottfriess, Carl-Gerhard (1974). Beta-blocking agents in the treatment of catecholamine-induced symptoms in musicians. *Lancet* 2(7879): 529.

Lockwood, Alan H. (1989). Medical problems of musicians. *The New England Journal of Medicine* 320(4): 221–227.

Mackinnon, Lilias (1926). *Music by heart.* London, Oxford University Press.

Madsen, Clifford K., Standley, Jayne M. und Gregory, Dianne (1991). The effect of a vibrotactile device, Somatron, on the physical and psychological responses: Musicians versus nonmusicians. *Journal of Music Therapy* 28(1): 14–22.

Marks, Isaac M. (1987b). *Fears, phobias, and rituals: Panic, anxiety, and their disorders.* New York, Oxford University Press.

Marshall, John R. (1994). *Social phobia: From shyness to stage fright.* New Yorks, BasicBooks.

Martin, Anna Y. (1964). The physiological and the psychological concomitants of stage fright. *Music Educators Journal* 50(3): 100–108.

Meichenbaum, Donald H. (1972). Cognitive modification of test anxious college students. *Journal of Consulting and Clinical Psychology* 39(3): 370–380.

Menuhin, Yehudi (1996). *Unfinished journey.* London, Methuen.

Michel, Christian und Novak, Felix (1994). *Kleines Psychologisches Wörterbuch.* Freiburg im Breisgau, Verlag Herder.

Miller, Diane, K. und Kupersmith, Judith R. F. (1990). „Louisville-PACH": Psychiatric problems of performing artists. *Medical Problems of Performing Artists* 5(1): 19–22.

Montello, Louise, Coons, Edgar E. und Kantor, Jay (1990). The use of group music therapy as a treatment for musical performance stress. *Medical Problems of Performing Artists* 5(1): 49–57.

Mor, Shulamit, Day, Hy I., Flett, Gordon L. und Hewitt, Paul L. (1995). Perfectionism, control, and components of performance anxiety in professional artists. *Cognitive therapy and research* 19(2): 207–225.

Müller, Ulrich (2001). *Kopfsonate: Roman einer Obsession.* Weissach i. T., Alkyon Verlag.

Nagel, Julie Jaffee (1988). In pursuit of perfection: Career choice and performance anxiety in musicians. *Medical Problems of Performing Artists* 3(4): 140–145.

Nagel, Julie Jaffee (1990). Performance anxiety and the performing musician: A fear of failure or a fear of success? *Medical Problems of Performing Artists* 5(1): 37–40.

Nagel, Julie Jaffee (1993). Stage fright in musicians: A psychodynamic perspective. *Bulletin of the Menninger Clinic* 57(4): 492–503.

Nagel, Julie Jaffee, Himle, David P. und Papsdorf, James D. (1989). Cognitive-behavioural treatment of musical performance anxiety. *Psychology of Music* 17: 12–21.

Nagel, Louis B. (1985). Overcoming performance anxiety. *Clavier* 24(7): 22–23.

Nass, Martin L. (1971). Some considerations of a psychoanalytic interpretation of music. *Psychoanalytic Quarterly* **40**: 303–316.

Neftel, Klaus A., Adler, Rolf H., Käppeli, Louis, Rossi, Mario, Dolder, Martin, Käser, Hans E., Bruggesser, Heinz H. und Vorkauf, Helmut (1982). Stage fright in musicians: A model illustrating the effect of beta blockers. *Psychosomatic Medicine* **44**(5): 461–469.

Neiss, Rob (1988). Reconceptualizing arousal: Psychobiological states in motor performance. *Psychological Bulletin* **103**(3): 345–366.

Nichols, Diane (1995). The demons within: Confronting performance anxiety. *Chamber Music* **12**(6): 20–23, 37–40.

Nideffer, Robert M. und Hessler, Nancy D. (1978). Controlling performance anxiety. *College Music Symposium* **18**(1): 146–153.

Niemann, Brand Keola, Pratt, Rosalie R. und Maughan, Michael L. (1993). Biofeedback training, selected coping strategies, and music relaxation interventions to reduce debilitative musical performance anxiety. *International Journal of Arts Medicine* **2**(2): 7–15.

Nies, Alan S. (1986). Clinical pharmacology of beta-adrenergic blockers. *Medical Problems of Performing Artists* **1**(1): 25–29.

Noll, Felizitas (2001). Umgang mit Aufführungsangst. In: *Macht Musik wirklich klüger? – Musikalisches Lernen und Transfereffekte*. Gembris, Heiner, Kraemer, Rudolf-Dieter und Maas, Georg (Hrsg.). Augsburg, Wißner. **Band 8**: 199–212.

Norton, G. R., MacLean, Lynne und Wachna, Elaine (1978). The use of cognitive desensitization and self-directed mastery training for treating stage fright. *Cognitive therapy and research* **2**(1): 61–64.

Nubé, Jacqueline (1991). Beta-blockers: Effects on performing musicians. *Medical Problems of Performing Artists* **6**(2): 61–68.

Nubé, Jacqueline (1994). Time-series analysis of the effects of propranolol on pianistic performance. *Medical Problems of Performing Artists* **9**(3): 77–88.

Olivier, Laurence (1982). *Confessions of an actor*. London, Weidenfeld and Nicolson.

Ostwald, Peter F., Baron, Barry C., Byl, Nancy M. und Wilson, Frank R. (1994). Performing arts medicine. *Western Journal of Medicine* **160**(1): 48–52.

Paivio, Allan und Lambert, Wallace E. (1959/1960). Measures and correlates of audience anxiety („stage fright"). *Journal of Personality* 27: 1–17.

Plaut, Eric A. (1990). Psychotherapy of performance anxiety. *Medical Problems of Performing Artists* 5(1): 58–63.

Plaut, Eric A. (1998). *Treating performance anxiety by psychotherapy.* 6. Europäischer Kongreß für Musikermedizin und Musikphysiologie, Berlin.

Raeburn, Susan D. (1987). Occupational stress and coping in a sample of rock musicians (first of two parts). *Medical Problems of Performing Artists* 2(2): 41–48.

Raeburn, Susan D. (2000). Psychological issues and treatment strategies in popular musicians: A review, part 2. *Medical Problems of Performing Artists* 15(1): 41–48.

Rejto, Peter (1987). Thoughts on performance anxiety. *California Music Teacher* 10(2): 14–17.

Rhodewalt, Frederick, Saltzman, Andrew T. und Wittmer, Jerry (1984). Self-handicapping among competitive athletes: The role of practice in self-esteem protection. *Basic Applied Social Psychology* 5(3): 197–209.

Rife, Nora A., Lapidus, Leah Blumberg und Shnek, Zachary M. (2000). Musical performance anxiety, cognitive flexibility, and field independence in professional musicians. *Medical Problems of Performing Artists* 15(4): 161–166.

Robson, Bonnie E., Davidson, Joy und Snell, Elizabeth (1995). „But I'm not ready yet": Overcoming audition anxiety in the young musician. *Medical Problems of Performing Artists* 10(1): 32–37.

Rosen, Charles (2000). The aesthetics of stage fright. In: *Critical entertainment: Music old and new.* Cambridge, MA, Harvard University Press: 7–11.

Roth, Susan und Cohen, Lawrence J. (1986). Approach, avoidance, and coping with stress. *American Psychologist* 41(7): 813–819.

Rötter, Günther (2000). Zusammenfassung der Examensarbeit *Lampenfieber – eine musikpsychologische Studie.* Persönliche Mitteilung aus Dortmund.

Safirstein, Samuel L. (1962). Stage fright in a musician: A segment of an analysis. *American Journal of Psychoanalysis* 22(1): 15–42.

Salmon, Paul (1990). A psychological perspective on musical performance anxiety: A review of the literature. *Medical Problems of Performing Artists* 5(1): 2–11.

Salmon, Paul (1991). A primer on performance anxiety for organists: Part I. *The American Organist* 25(5): 55–59.

Salmon, Paul, Schrodt, Randolph und Wright, Jesse (1989). A temporal gradient of anxiety in a stressful performance context. *Medical Problems of Performing Artists* 4(2): 77–80.

Sartory, G., Rachman, S. J. und Grey, S. (1982). Return of fear: The role of rehearsal. *Behavior Research and Therapy* 20: 123–133.

Sataloff, Robert Thayer, Rosen, Deborah Caputo und Levy, Steven (1999). Medical treatment of performance anxiety: A comprehensive approach. *Medical Problems of Performing Artists* 14(3): 121–126.

Schachter, Stanley und Singer, Jerome E. (1962). Cognitive, social and physiological determinants of emotional state. *Psychological Review* 69: 379–407.

Schneider, Max (1966). *Einführung in die Physiologie des Menschen.* Berlin, Springer-Verlag.

Selye, Hans (1976). *The stress of life.* New York, McGraw Hill.

Shapiro, Arthur K. und Morris, Louis A. (1971). The placebo effect in medical and psychological therapies. In: *Handbook of psychotherapy and behavior change.* Garfield, Sol L. und Bergin, Allen E. (Hrsg.). New York, John Wiley & Sons. **2nd edition:** 369–410.

Simpson, Anne (1984). The perils of performance. *Piano Guild Notes* (September-October): 10.

Smith, G. Milton und Zawadski, Bohdan (1951). A case of stage fright, origination at the age of seven, relieved with the aid of hypnotic recall and partial regression. *The Journal of General Psychology* 45: 71–82.

Snyder, C. R. und Higgins, Raymond L. (1988). Excuses: Their effective role in the negotiation of reality. *Psychological Bulletin* 104(1): 23–35.

Spielberger, Charles D. (1971). Notes and comments: Trait-state anxiety and motor behavior. *Journal of Motor Behavior* 3(3): 265–279.

Stanton, Harry E. (1993). Research note: Alleviation of performance anxiety through hypnotherapy. *Psychology of Music* 21: 78–82.

Stanton, Harry E. (1994). Reduction of performance anxiety in music students. *Australian Psychologist* 29(2): 124–127.

Steptoe, Andrew (1982). Performance anxiety: Recent developments in its analysis and management. *The Musical Times* 123(1674): 537–541.

Steptoe, Andrew (1989). Stress, coping, and stage fright in professional musicians. *Psychology of Music* 17: 3–11.

Steptoe, Andrew und Fidler, Helen (1987). Stage fright in orchestral musicians: A study of cognitive and behavioural strategies in performance anxiety. *British Journal of Psychology* 78: 241–249.

Sternbach, David J. (1993). Addressing stress-related illness in professional musicians. *Maryland Medical Journal* 42(3): 283–288.

Sweeney, Gladys Acevedo und Horan, John J. (1982). Separate and combined effects of cue-controlled relaxation and cognitive restructuring in the treatment of musical performance anxiety. *Journal of Counseling Psychology* 29(5): 486–497.

Taylor, Jim (1987). Predicting athletic performance with self-confidence and somatic and cognitive anxiety as a function of motor and physiological requirements in six sports. *Journal of Personality* 55(1): 139–153.

Tobacyk, Jerome J. und Downs, Alan (1986). Personal construct threat and irrational beliefs as cognitive predictors of increases in musical performance anxiety. *Journal of Personality and Social Psychology* 51(4): 779–782.

Tobias, Sigmund (1985). Test anxiety: Interference, defective skills, and cognitive capacity. *Educational Psychologist* 20(3): 135–142.

Torney, George A. (1993). *Shake, Rattle, Roll: A lecture on performance anxiety*. The Art of Technique: Music Teachers' Association of California 83rd State Convention, San Jose, Music Teachers' Association of California.

Triplett, Robert (1983). *Stagefright: Letting it work for you*. Chicago, Nelson-Hall, Inc., Publishers.

Tyrer, P. J. und Lader, M. H. (1974). Response to propranolol and diazepam in somatic and psychic anxiety. *British Medical Journal* 2(6): 14–16.

Valentine, Elizabeth R., Fitzgerald, David F. P., Gorton, Tessa L., Hudson, Jennifer A. und Symonds, Elizabeth R. C. (1995). The effect of lessons in the Alexander technique on musical performance in high and low stress situations. *Psychology of Music* 23: 129–141.

Wachtel, Paul L. (1968). Anxiety, attention, and coping with threat. *Journal of Abnormal Psychology* 73(2): 137–143.

Wardle, Alvin (1969). *Behavior modification by reciprocal inhibition of instrumental music performance anxiety.* New York, Teachers College Press.

Weinberg, Robert S. (1981). The relationship between mental preparation strategies and motor performance: A review and critique. *Quest* 33(2): 195–213.

Weisblatt, Sanford (1986). A psychoanalytic view of performance anxiety. *Medical Problems of Performing Artists* 1(2): 64–67.

Welbel, Jolanta (1998). *A multidimensional model of performance anxiety.* 6. Europäischer Kongreß für Musikermedizin und Musikphysiologie, Berlin.

Wesner, Robert B., Noyes, Russell, Jr. und Davis, Thomas L. Davis (1990). The occurrence of performance anxiety among musicians. *Journal of Affective Disorders* 18: 177–185.

Whitaker, Charlotte Sibley und Tanner, Donald Ray (1987). *„But I played it perfectly in the practice room!"* Lanham, MD, University Press of America, Inc.

Wilson, Frank R. (1986a). Music and medicine, 1986: II. Inderal for stage fright? *The Piano Quarterly* 134(Summer): 30–35.

Wilson, Frank R. (1986b). *Tone deaf and all thumbs? An invitation to music-making for late bloomer and non-prodigies.* New York, Penguin.

Wilson, Glen D. (1985). *The psychology of the performing arts.* London, Croom Helm Ltd.

Wine, Jeri Dawn (1982). Evaluation anxiety: A cognitive-attentional construct. In: *Achievement, stress, and anxiety.* Krohne, Heinz W. und Laux, Lothar (Hrsg.). New York, Hemisphere Publishing Corporation: 207–219.

Wolfe, Mary L. (1989). Correlates of adaptive and maladaptive musical performance anxiety. *Medical Problems of Performing Artists* 4(1): 49–56.

Wolfe, Mary L. (1990a). Coping with musical performance anxiety: Problem-focused and emotion-focused strategies. *Medical Problems of Performing Artists* 5(1): 33–36.

Wolfe, Mary L. (1990b). Relationships between dimensions of musical performance anxiety and behavioral coping strategies. *Medical Problems of Performing Artists* 5(4): 139–140.

Zerbe, Kathryn J. (1990). Through the storm: Psychoanalytic theory in the psychotherapy of the anxiety disorders. *Bulletin of the Menniger Clinic* 54: 171–183.

Ziporyn, Terra (1984). Pianist's cramp to stage fright: The medical side of music-making. *Journal of the American Medical Association* 252(8): 985–989.

X. Register

www.peterlang.com